五十黙示録　第二巻

碧玉《あおたま》之巻

（全十九帖）

昭和三十六年

JN076620

岩戸開き ときあかし❷
日月神示の奥義【五十黙示録】第二巻「碧玉之巻」（全十九帖） 目次

五十黙示録 第二巻「碧玉《あおたま》之巻」（全十九帖）

カバーデザイン　櫻井　浩（⑥Design）
本文仮名書体　文麗仮名（キャップス）

第一帖

反対の世界と合流する時、平面の上でやろうとすれば濁《にご》るばかりぢゃ、合流するには、立体でやらねばならん、立体となれば反対が反対でなくなるぞ、立体から復立体に、復々立体に、立立体にと申してあろう、漸次《ぜんじ》輪を大きく、広く、深く進めて行かねばならんぞ、それが岩戸開きぢゃ、低い世界は戒律なくてはならんぞ、人民の頭で、戒律と秩序、法則をゴッチャにして御座るぞ、平面と立体とをゴッチャにするのと同じ迷いの道であるぞ、気つけ下されよ。病むことは神から白紙の巻物をもらったことぢゃ、この巻物をどんなに読み取るかによって新しき道が開けるのぢゃ。神からの巻物おろそかにするでないぞ。


〈考察〉

ここから第二巻「碧玉之巻《あおたま》」の考察に入る。

まず第一帖であるが、本帖には三つのテーマが含まれているので、それぞれの文節毎に区分して進めることにする。最初は次のものである。

反対の世界と合流する時、平面の上でやろうとすれば濁《にご》るばかりぢゃ、合流するには、立体でやらねばならん、立体となれば反対が反対でなくなるぞ、立体から復立体に、復々立体に、立立体にと申してあろう、漸次《ぜんじ》輪を大きく、広く、深く進めて行かねばならんぞ、それが岩戸開きぢゃ

●立体になれば反対が反対でなくなる

冒頭に「**反対の世界**」とあるが、これは自由主義と共産主義のように世界を二分するような大きなものに限らず、個人的な思想や信条、或いは見解などの違いまで含めて広く捉えるべきものである。特に我々人民の「身魂磨き」にとっては、「個人的な反対の世界」と捉えた方がより重要である。

「**平面**」、「**立体**」、「**復立体**」、「**復々立体**」、「**立立体**《りつりったい》」は比喩としての表現である。「平面」とは、この地上世界におけるモノの見方や考え方のことであり、「白か黒か」、「善か悪か」、「損か得か」のような「二元論」に代表されるものと言ってよい。二元論であるから、反対のもの

同士が「**合流**（＝調和、融合、結び）」出来ないのは、ある意味、当然である。このことを神示では「**濁《にご》るばかり**」と表現している。

従って「合流」するには、平面（二次元）の見方・考え方から、より高次の視点を入れた見方・考え方へと深化しなければならないのは当然である。そのことを「平面から立体（＝二次元から三次元）」とか「立体から復立体、復々立体、立立体（三次元から四次元、さらに五次元、六次元）」と述べているのである。

このことは言葉を換えれば「人間の見方」から「神の見方」への深化とも言い得るが、「神の見方」には限界がなく、幾らでも深くなることを押さえておく必要がある。右には「立立体（六次元）」まで記述されているが、このレベルで止まるものではない。

「**漸次《ぜんじ》輪を大きく、広く、深く進めて行かねばならんぞ**」とは、これらのことを別の言い方で表現したものだが、ここで最も大事なことは「**それが岩戸開きぢゃ**」と示されていることである。これまでの人民は「岩戸」が閉められていたため、「ヽ」が隠され「〇」だけの見方や考え方（つまり善悪二元論）しか出来なかったが、「〇」に「ヽ」が入って和すことにより「☉」

となって、神の視点が入ることになるのである。つまりこれが「（人民の）岩戸開き」ということである。

では「岩戸」を開くにはどうすればよいか？　と言えば、これまで何度も述べて来た通り、「身魂磨き」である。これ以外にはない。

注：本帖では「復立体」、「復々立体」のように「復」の漢字が当てられているが、これば編集段階におけるミスと思われる。文意からして正しくは「複」であるべきである（複立体、複々立体のように）。

では二つ目の文節に移る。

低い世界は戒律なくてはならんぞ、人民の頭で、戒律と秩序、法則をゴッチャにして御座るぞ、平面と立体とをゴッチャにするのと同じ迷いの道であるぞ、気つけ下されよ

●低い世界には戒律が必要である

「低い世界」とは前述の「**平面**」に相当するものであって、要するに今の「地上世界」のことである。まだ「岩戸」が開けていない地上世界は「〇」、つまり「体主霊従（我れ善し）」と「力主体霊（強い者勝ち）」の世界であるから、ほっておけば乱れる一方、荒れ放題になってしまうことは避けられない。現実の世界を見れば誰も否定しようがないはずだ。

「**戒律なくてはならんぞ**」の「戒律」とは本来宗教用語であり、仏教修行者が守るべき規律や規則のことを指しているが、日月神示では人間が定めた憲法や法律、規則、さらには国家間の条約や契約など諸々《もろもろ》のルール全体を意味していると考えてよい。

何故なら、「岩戸」が開けていない地上世界では「外面的な規制や強制力」がなければ全体の秩序を維持することが出来ないからである。「低い世界は戒律なくてはならんぞ」とはこの意であると考えられる。

問題は「**人民の頭で、戒律と秩序、法則をゴッチャにして御座るぞ**」と示されていることである。この意味は、「体主霊従（我れ善し）」と「力主体霊（強い者勝ち）」の観念に染まり切った「**人民の頭**」では、神が生んだ大宇宙や大自然の秩序、法則を神意のままに理解し正しく活用することが出来ないということだと思われる。人間が作った「戒律」のように、何でも自分たちに都合のよいように利用するのがオチである。また「**平面と立体とをゴッチャにするのと同じ迷いの道であるぞ**」も同じ意味であると捉えられる。

最後の文節に移ろう。

> 病むことは神から白紙の巻物をもらったことぢや、この巻物をどんなに読み取るかによって新しき道が開けるのぢや。神からの巻物おろそかにするでないぞ。

●病気は神からの白紙の手紙

この帖文に示されている「**新しき道**」とは、前述の「立体、復立体、復々立体、立立体」に対応するものであろうが、ここでは「**病むこと**」つまり病気（＝メグリの一つ）を引き合いに出して、何をどのように読み解けば「（立体への）新しき道」に至ることが出来るかよく考えよ、と教示しているようである。

「平面」であり「低い世界」であるこの地上世界における「病気」は、人民にとっては不幸であり、災いであり、悪いものでしかないが、神はそれを「**神から白紙の巻物をもらったことぢゃ**」と断言していることがポイントである。

「**この巻物をどんなに読み取るか**」とあるのは、本来「白紙」であれば読み取ることなど出来る訳がないから、これは「病気というメグリ」から何を学ぶか？ ということが真の意味であり、さらに言えば「学んだことを白紙の巻物に書き込め」と促されているのではないだろうか？

「白紙の巻物」に「不幸、絶望」と書くことも、その反対に「希望、新しき光、新生」のように書き込むことも、それはすべて「あなた」次第である。これがいわゆる「身魂磨き」というものなのである。

第二帖

気の合う者のみで和して御座るなれど、それでは和にならんと知らしてあろうがな、今度は合わんものと合わせるのぢゃ、岩戸が開けたから、逆様のものが出てきているのぢゃ、この行《ぎょう》なかなかであるなれど、これが出来ねば岩戸は開けんのぢゃ、マコトの神さえ魔神のワナにかかって御座るのぢゃ、人民が騙《だま》されるのも無理ないようなれど、騙されていては今度の御用は成就せんぞ。自分自身に騙されている人民も多いのであるが、ついて御座れよ、少しは苦しき行もあるなれど見事なことを致して御目にかけるぞ、自分でもビックリぢゃ、始めからの神示よく読んで下されよ、霊かかりよろしくないぞ、やめて下されと申してあろう。

〈考察〉

第二帖にも複数のテーマが含まれているので、それぞれの文節ごとに考察する。最初は次のものである。

気の合う者のみで和して御座るなれど、それでは和にならんと知らしてあろうがな、今度は合わんものと合わせるのぢゃ、岩戸が開けたから、逆様のものが出てきているのぢゃ、この行《ぎょう》なかなかであるなれど、これが出来ねば岩戸は開けんのぢゃ

●この行《ぎょう》が出来なければ岩戸は開かない

この文節（帖文）には「**今度は合わんものと合わせるのぢゃ**」とか「**岩戸が開けたから、逆様のものが出て来ているのぢゃ**」などの表現が登場しているが、実はこの部分は、既に見て来た次の2例の神示と基本的に同じ意味である。

反対の世界と合流する時、平面の上でやろうとすれば濁《にご》るばかりぢゃ、合流するには、立体でやらねばならん

（第二巻「碧玉之巻《あおたまのまき》」第一帖）

岩戸の開けたその当座は、不合理に思えることばかり出てくるぞ。逆様《さかさま》の世界が、この

（第一巻「扶桑《ふそう》之巻」第二帖）

世界に入り交じるからであるぞ

我々が陥り易い大きな落とし穴は、「岩戸が開ければ、そこから先は何もかもが善くなる一方である（はずだ）」と思い込んでしまうことである。そのように思いたくなる（期待する）気持ちは分からないではないが、それは「体主霊従」から抜け切っていない人民の身勝手な願望であって、どんなに強く願っても絶対に叶うものではない。

何度でも言うが、日本の「岩戸」が開けたとしても、それによって個人個人の「メグリ」が取れる訳ではない。その「メグリ」を積み残したまま、これから先は何もかもが善くなる一方などと期待するのは虫が良すぎるというものだ。誰であっても、少し考えれば分かることである。

「この行《ぎょう》なかなかであるなれど、これが出来ねば岩戸は開けんのぢゃ」と示されているのは「合わんもの（＝逆様のもの）と合わせる」ことの困難さを述べたものだが、同時に「メグリ取り」つまり「身魂磨き」が一朝一夕に成就するものではないことを教えている。とにもかくにも「この行（＝メグリ取り、身魂磨き）」が出来なければ、「あなたの岩戸」が開くことはないと心得なければならない。

では次の文節に移ろう。

マコトの神さえ魔神のワナにかかって御座るのぢゃ、人民が騙《だま》されるのも無理ないようなれど、騙されていては今度の御用は成就せんぞ。自分自身に騙されている人民も多いのであるが、ついて御座れよ

●神でも魔神のワナにかかる

本帖文の「**魔神のワナ**」は「**悪神の仕組**」または「**悪の御用**」と言い換えることが出来る。

「**マコトの神**」さえこの「魔神のワナ」にかかっていることを裏読みすれば、「魔神」の御役を担っている神の「神格」がそれほど高いことを示して余りあるものだ。

では「魔神（悪神）」となって「悪の御用」を担う神とは如何なる神か？　というのは極め

て興味深いテーマであるが、これは神界の中でもトップクラスの神でなければ絶対に担うことが出来ないことは自明である。悪のトップである「魔神」の御役が務まるのは、その対極に位置する最高神格の神でなければ務まらないからである。

キリスト教では最も神に近いとされた最高ランクの天使「ルシファー（ルシフェルとも）」が父なる神に反逆し、堕天使《だてんし》となって地上に落とされたとされている。堕天使となったルシファーを別名「サタン（魔王）」と言うこともあるが、このように最も神に近い天使であるからこそ、最高の「悪役（魔神、魔王）」が務まるのである。

ここで一点補足しておくと、キリスト教では堕天使ルシファーのことを神に反逆する「絶対悪」と位置付けているが、日月神示はそうでない。あくまで「悪神の仕組」、「悪の御用」を担う存在だと教えているのだ。どちらが正しい神理であるかは言うまでもないだろう。

●自分が自分に騙される？

このように「マコトの神」でも「魔神のワナ」にかかるのであるから、「**人民が騙《だま》されるの**

も無理ない」のであるが、何時《いつ》までもワナに掛かりっぱなしでよいはずがない。「**騙されていては今度の御用は成就せんぞ**」と神が警告するのは当然である。

ところで最も注目すべきは「**自分自身に騙されている人民も多い**」という箇所であるが、読者はこの部分の意味をどのように採るだろうか？　いや、意味を考えるより以前に「自分が自分に騙されることなどあり得ない」と反論されるかも知れない。

しかし私は敢えて断言するが「間違いなく騙される」のである。

このことを正しく理解するには、「我《が》」の正体を知らなければならない。結論から先に申せば、「体主霊従」から抜け出ていない者は、自分の「自我」によって自分が騙されるということである。

「扶桑《ふそう》の巻」第十三帖を考察した際に「我の構造図」に触れているが、これがなければ説明にならないので再掲しておく。よくご覧頂きたい。

【我の構造図】

◎神の光↓「真我」を通る↓「丶、真、善、美、愛」となる↓「御用の善」＝表、主

◎神の光→「自我」を通る→「〇、偽、悪、醜、憎」となる→「御用の悪」＝裏、従

これは一般的な「我の構造図」であるが、「岩戸」が閉まったままで「体主霊従」の性来に堕ちている人民の「真我」と「自我」ではどちらが強い（優勢）かを考えて見て欲しい。言うまでもなく「自我」の方が圧倒的に強い。すると「自我（〇）」の本質である「偽、悪、醜、憎」がその人間のものの見方や考え方、或いは言動を支配することになるのだ。

その結果どうなるか？　と言えば、その者は「慢心、取り違い、欲深《よくふか》、近欲《ちかよく》、我れ善し、自己正当化、独善」という「自我」の性質や働きを表に出すことになってしまうではないか。これは人間として本来あるべき心的状態とは真逆であるが、これが「善いこと、正しいこと」にしてしまうのが「自我」なのである。

このような心的状態になることを「自分自身に騙される」と表現しているのである。

最後の文節に移る。

少しは苦しき行もあるなれど見事なことを致して御目にかけるぞ、自分でもビックリぢ

や、始めからの神示よく読んで下されよ、霊かかりよろしくないぞ、やめて下されと申してあろう。

●霊かかりはよくない、止めよ

本帖の最後の文節は、「**苦しき行**」に臨む人民に対する神からのアドバイスと考えてよいだろう。それには二つあって、一つは「**始めからの神示をよく読むこと**」と示されている。「始めから」とは言うまでもなく第一巻「上つ巻」に遡《さかのぼ》ってもう一度よく読めということである。日月神示の初発が降ろされたのは昭和19年6月10日であり、「五十黙示録《いせもくじろく》」はそれから実に17年近くも経ってから降ろされている。昔《むかし》読んだからもうよい（今は読まない）のではなく「再読せよ」と神は仰っているのである。特に「基本十二巻」が最も重要であることは論を俟《ま》たない。

日月神示は不思議な書であり、読む度に新たな気付きや発見を得ることが多いものである。

二つ目は「**霊かかりはよくないから止めよ**」ということだが、「霊かかり」で憑《か》かる霊はほとんどが「低級霊」や「動物霊」の類であって、その者によい影響を与える訳がないから「止めよ」と断じているのであろう。

なお「霊かかり」については、岡本天明のように自分自身が「霊媒」となって「霊」を自分の体に入れる場合もあるだろうが、そのような能力のない者は巷の「霊能者」に頼ることになるだろう。割合的には後者が多いと思われるが、何れにしてもロクなことはないから「止める」に越したことはない。

注：岡本天明は優れた霊媒であった。彼は日月神示を取り次ぐようになってからも、同志たちの求めに応じて「霊かかり実験（交霊実験）」を行っており、しばしば神から注意を受けている。天明に憑かる霊のほとんどは低級霊や動物霊であった。

このようなことから、本帖の「**霊かかりよろしくないぞ、やめて下されと申してあろう**」とは、（狭義には）岡本天明と彼の同志たちに与えた忠告と考えても不自然ではない。

第三帖

生命の樹、生命の水を間違えて下さるなよ。樹とはキであるぞ、水とは道であるぞ、樹と水にたとえてあるを、そのままにとるから、囚われた迷信となるのぢゃ。

〈考察〉

●生命の樹、生命の水

「五十黙示録」の解読解釈は、一般に文章が短いものほど困難である。そしてそれが抽象的、観念論的であれば尚更だが、本帖はこれにピタリと該当する。確かに難しいが、何とか解読解釈に挑戦して見よう。

まず本帖の主格（主語）が「**生命**」であることは間違いない。その上で「**生命の樹**」と「**生命の水**」と示されているから。「生命」を構成する（支える）ものには「樹」と「水」の二つがある、という意味になることは確かだと思われる。

また「**樹とはキであるぞ**」とあることから、これに「ゝ」を当てて「樹→キ→ゝ」と捉えれば、一方は必然的に「〇」となり、「水（道）→ミ→〇」となる。

よって両者の関係は次のようになることが分かる。

・生命の「樹」　　＝キ＝ゝ
・生命の「水（道）」＝ミ＝〇

このように解釈すれば、「生命の樹」とは「ゝ（霊的生命）」を意味し、「生命の水」は「〇（肉体生命）」を意味することになり、両者が結ばれた「⦿」が完全な生命体ということになるのである。従って図式的には、当然、次のようになる。

「ゝ」＋「〇」＝「⦿」

換言すれば、「生命の樹（キ、ゝ）」と「生命の水（ミ、〇）」は別々のものではなく、両者が結ばれて一体のものでなければならないことを意味していると言える。

「樹と水にたとえてあるを、そのままにとる」とは、「樹」は樹、「水」は水と別々のものと捉えてしまうことを意味していると思われる。その結果が**「囚われた迷信」**となってしまうのである。

注：本帖の解読解釈は以上の通りであるが、実はこの帖文の中に大きな「違和感」を与えるものが一つだけある。それは「**樹とはキであるぞ、水とは道であるぞ**」の中の「道」という語である。本帖の文意全体から見ると、「道」ではなく「ミ」であるべきだと考えられるのだ。つまり「**樹とはキであるぞ、水とはミであるぞ**」であれば整合性が取れるだけでなく、全体として極めてスッキリした文章になることは間違いない。「翻訳ミス」の可能性も考えたくなる所だが、残念ながら原文（翻訳前の原文）の所在が不明となっているため確認のしようがない。

第四帖

真の懺悔《ざんげ》は正法をおさむることであるぞ、掃除することであるぞ。まず御《おさ》め、次に治《おさ》め、次に知《おさ》めねばならんぞ、素盞鳴《スサナル》の大神はまず滄海原《あおうなはら》を御め給い、さらに蒼海之原《あおうなのはら》を治め給い、次に天ケ下《あめがした》を知め給うたのであるぞ。素盞鳴の大神が悪神とうつるのは悪がそなたの中にあるからであるぞ。

〈考察〉

● 「真の懺悔《ざんげ》、正法、掃除」が意味するもの

本帖も抽象的かつ観念論的である上に、「御《おさ》め」、「治《おさ》め」、「知《おさ》め」など、読みが同じであっても当てられている漢字が異なっているなど一見して難解であることが感じ取れるものだ。

本帖解読のカギは、冒頭の「**真の懺悔《ざんげ》は正法をおさむることであるぞ、掃除することである**

ぞ」と、もう一箇所、最後の「**悪がそなたの中にあるからであるぞ**」にあると思われる。

ここに「そなた」という代名詞が登場しているが、ここでいう「そなた」は第一義的には日月神示を直受した岡本天明のことであって、神が天明に対して「真の懺悔《ざんげ》」つまり「掃除」についていて教示していると捉えることが出来るだろう（勿論、天明を代表選手とすることによって、他の多くの人民にも伝える神慮があるのは当然のことである）。

この前提で解読に挑戦すると、「真の懺悔《ざんげ》は正法をおさむること」と「掃除すること」が同じ意味で書かれていることから、これは間違いなく「身魂磨き（＝メグリ取り）」のことを指していると考えてよい。つまり本帖は、神が岡本天明に対して「身魂磨き（＝真の懺悔、正法をおさむる、掃除）」について教示している、と解釈出来るのである。

突然「正法」などという言葉が登場するので、「日月神示」以外に何か特別の「法」があるのか？　などと発散的な思考に陥らないように注意が必要である。「正法」とは「正しい神理」のことであるから「日月神示」に行き着くのは当然である。

では「身魂磨き」とはどういうことだろうか？　これについては言葉としてはうんざりするほど何度も登場しているが、その本質をキチンと理解している者は極めて少ないのではないだろうか？

結論的なことを申せば、「**善も悪も共に抱き参らせる**」ということになるが、これをさらに具体的に述べるためには、既に発表している「我の構造図」における「真我」と「自我」の関係に帰結することになる。

「我の構造図」は度々登場しているが、ここでも大事な情報であるから再掲しておこう。

【我の構造図】

◎神の光↓「真我」を通る↓「ゝ、真、善、美、愛」となる↓「御用の善」＝表、主

◎神の光↓「自我」を通る↓「〇、偽、悪、醜、憎」となる↓「御用の悪」＝裏、従

自らの「岩戸」が開けていない者は、「真我」に対して「自我」が圧倒的に優勢であるため、「自我」の基本的な性質である「**偽、悪、醜、憎**」によって「体主霊従（我れ善し）、力主体霊（強い者勝ち）」に堕ちている。

それによって創り出された悪い結果が「メグリ」というものであるが、実はこの「メグリ」から逃げることなく正面から対峙し、そこから霊的に学ぶことが出来れば、それによって「真我」が覚醒するという仕組みであることは、私の著書や講演、セミナーなどで何度も説いて来た。

つまり「自我（によって生まれたメグリ）」との対峙によって「真我」が覚醒する、という仕組なのであるが、その「自我」とどのように関われればよいのか？ が大きなテーマになるのである。

●「御《おさ》め」、「治《おさ》め」、「知《おさ》め」の三段階による霊的深化

これに対する神の教示が、先の「御《おさ》め」、「治《おさ》め」、「知《おさ》め」に集約されていると考えれば、一見難解な本帖の神意が見えて来る。つまり**「まず御《おさ》め、次に治《おさ》め、次に知《おさ》めねばならんぞ」**とある通り、「自我（メグリ）」と対峙するには、「御《おさ》め」→「治《おさ》め」→「知《おさ》め」という段階が必要であるということになる。

この三つの漢字はどれも「おさめ（る）」と読ませているが、どの漢字を当てれば神意に近くなるか？ ということについては、岡本天明もかなり苦労したのではないかと思われる。

特に「御《おさ》め」と「知《おさ》め」は普通にはそのように読まないので、おそらく「御《ぎょ》する」と「知《し》らす」の意味からの連想（または転用）ではないかと思われる。では「御める」、「治める」、「知

める」について、先ずは一般的な意味を考えて見たい。辞書的には次のようになる。

・御《おさ》める〈＝御《ぎょ》する〉
　馬や馬車を巧みに扱う。他人を自分の思い通りに動かす。

・治《おさ》める
　乱れているものを、落ち着いて穏やかな状態にする
　争いや動揺をしずめる
　世の中や家の中を秩序ある状態にする

・知《おさ》める〈＝知《し》らす〉
「知《おさ》める」はおそらく古事記などに登場する「知《し》らす」と同意義である。「知らす」は「うしはく（＝主人《うし》履《は》く」に対する言葉であって、どちらも「治める、統治する」という意味とされているが、両者の本質は大きく異なる。「うしはく」とは「(力によって）支配する」ことであるが、「知らす」は「知る」を語源とし、天皇が民の心、喜びや悲しみ、願いなどを知り、それらをわが心に写し取って、民のために国を治めることとされている。このような統治理念は日本以外の国にはないとされている。

以上はあくまで辞書的な意味であり、私がインターネットを検索して得た情報に基づくものだが、これらを見ただけでも、神が本帖で教示していることの意味が見えて来そうに思われる。つまり「自我をおさめる三段階」のことであり、具体的には次のように理解すればよいのではないか？

・御《おさ》める → 自分の「自我」を思い通りに支配し（御《ぎょ》し）コントロールしようとする段階。
（初めは誰でもこうするが、しかしそれは無理なことで解決にはならない）

・治《おさ》める → 自我を「御《おさ》める（御《ぎょ》す）」ことが無理だと分かったので、それならば、落ち着いて「自我の言い分」に耳を傾けようとする段階
（自我に対等な立場を認めてその言い分を聞くこと。大きな前進と言える）

・知《おさ》める → 「治める」からさらに一歩進んで「自我」の立場と言い分をよく理解する。それは結局の所、自分で積んで来た「メグリ」であって、霊的覚醒のための学びの材料であったことを心底から理解する段階（＝知《し》らす）
（「悪の御用」の何たるかが肚《はら》に入り「真我」と「自我」が結ばれる）

つまりこのような三つの段階を経て「身魂」が磨かれて行くと考えられるのである。私はこ

れが神意だと考えているが、如何であろうか？

●スサナルの身魂磨き──大神に自我はあるのか？

次に本帖では、**「素盞鳴《スサナル》の大神はまず滄海原《あおうなはら》を御め給い、さらに蒼海之原《あおうなのはら》を治め給い、次に天ヶ下《あめがした》を知め給うたのであるぞ**」と示されているが、ここにも「御め給い」、「治め給い」、「知め給い」と、前記と全く同じ「おさめ（る）」という表現が登場している。

この部分は従来から研究者によって、素盞鳴の大神（以下、スサナル）が統治した「場所（世界）」を指すものとして注目され、「滄海原《あおうなはら》」は神界、「蒼海之原《あおうなのはら》」は幽界、最後の「天ヶ下《あめがした》」は地上世界に該当するのではないか？　というように捉えられていたようである。確かに「天ヶ下」が地上世界を意味していることは間違いないだろう。

しかし私は統治した場所ではなく、その統治のやり方が「御める」→「治める」→「知める」と変わっていることに注目している。これは前節で述べた「おさめ（る）」ことの三段階と全く同じ流れなのである。

つまりこのことは、スサナル自身が自らの「自我（メグリ）」と対峙し、先に述べたような三つの段階を踏んで（学びを深めて）、「真我」を覚醒させていったというプロセスが見えて来るのであるが、本帖の神意はここにあるのではないだろうか？

このような観点で本帖最後の**「素盞鳴の大神が悪神とうつるのは悪がそなたの中にあるからぞ」**を見れば、よく理解出来るのである。スサナルが**「悪神」**とうつるのは、スサナルの統治がまだ「御める（＝思い通りに支配する）」の段階であったことが背景にあるのではないだろうか？

それは古事記に書かれているように、スサノオが神界（高天原）で大暴れして追放されたイメージと重なるものだ。

ところでこのように述べると、大神であるスサナルが自分の「自我」をコントロール出来ないなどということがあるのか？　いや、そもそも大神という存在に「自我」があるのか？　という疑問を持つ読者が必ずいるはずだ。

一見もっともな疑問であるが、これに対する答えは「イエス」である。大神といえども、自らの「自我」をコントロール出来ず大きな失敗をしている事実を、私は何度も説いて来ている。

そのことは日月神示の中にもハッキリ書かれているのだ。
その例を二つ示しておこう。

　この方は力あり過ぎて失敗《しくじ》った⦿ざぞ、この世構う⦿でも我《が》出すと失敗るのぞ、どんな力あったとて我出すでないぞ、この方がよい見せしめぞ。世界構うこの方さえ我で失敗ったのぞ、くどいようなれど我出すなよ、慢心と取り違いが一等気障《きざわ》りざぞ。

（第七巻「日の出の巻」第二十帖）

　こんなになったのもこの方等《ほうら》が我《が》が強過《つよす》ぎたからであるぞ。我出すなと申してあろう。この度のイワト開きに使う身魂《みたま》は、我の強い者ばかりが、めぐりだけのこと償《つぐな》って、償うことぞ。天地かまう神でも我出せんことあるぞ。神々様も懺悔《ざんげ》して御座るぞ。まして人民。

（第二十四巻「黄金《こがね》の巻」第二十五帖）

この2例では「**我**《が》」という一語が使われているが、これは文意からして明らかに「自我」のことである。大神とか神と言っても完全無欠ではなく、ましてや全知全能でもないのである。神々もまた我々人間と同様、常に進化し続ける存在なのである。

第五帖

七は成り、八は開くと申してあろうが、八の隈から開きかけるのであるぞ、開けると○と九と十との三が出てくる、これを宮と申すのぞ、宮とはマコトのことであるぞ、西と東に宮建てよと申すこと、これでよくわかるであろうが、マコトの数を合わせると五と五十であるぞ。中心に五があり、その周辺が五十となるのであるぞ。これが根本の型であり、型の歌であり、型の数であるぞ、摩邇《マニ》の宝珠《タマ》であるぞ、五十は伊勢であるぞ、五百は日本であるぞ、五千は世界であるぞ、この方《ほう》五千の山、五万の川、五億のクニであるぞと申してあろうがな。

〈考察〉

本帖も数字（数霊）が多く登場し難解であるが、これまでの情報を総動員しながら解読に挑戦して見たい。本帖には大きく二つのテーマがあるので、それぞれの文節に分けて考察する。最初は次のものである。

七は成り、八は開くと申してあろうが、八の隈から開きかけるのであるぞ、開けると〇と九と十との三が出てくる、これを宮と申すのぞ、宮とはマコトのことであるぞ、西と東に宮建てよと申すこと、これでよくわかるであろうが

●八の隅から開きかける

「**七は成り、八は開く**」は数霊の意味を示したものと捉えられるが、文意全体から考えれば、地上世界が完成したことを「七（成り）」と示し、その地上世界が新世界（＝ミロクの世）に向かって新たに動き出すことを「八（開く）」と示したと考えてよい。

日月神示では地上世界のことを「八方世界」とも呼ぶが、これはそれ自身の中に新世界に向かって開くことの意味を内包しているからであろう。

次に「**八の隈から開きかける**」においては、「隈（くま）」の意味がキーワードである。まず「隈」の辞書的な意味には次のようなものがある。

・曲がって入り組んだ所、奥まった所、片隅
・物陰になっている所、暗がり
・色の濃い部分と淡い部分、あるいは、光と陰とが接する部分
・隠していること。心に秘めた考え。秘密
・十分でない部分。欠点
・へんぴな所。片田舎

「隈」には右のような多くの意味があるが、これを人間に当てはめれば「中央（中心）から遠い社会の底辺（隈）にいる者」のようになるだろうか？ その上で「（八の隈から）**開きかける**」とあるから、これは「八の隈（＝地上世界の底辺）の中から『身魂』を磨いて霊的に覚醒する者が現われる」ことだと解される。

要するにそのような者たちは「（地上世界の）底辺」にいて、そこから立ち上がるという意味に採れるから、これはつまり「因縁の身魂たちが覚醒する」ことを述べていることになる。

では「因縁の身魂」は、本当に社会の底辺のような所から出て来るのだろうか？ ここが肝心だが、その答えは間違いなく「イエス」である。このことをハッキリ示している神示をご覧

頂こう。

三千年、三千世界乱れたる、罪や穢れを身において、この世の裏に隠れしまま、この世構いし大神の、ミコト畏《かしこ》みこの度の、岩戸開きの御用する、身魂《みたま》はいずれも生き変わり、死に変わりして練りに練り、鍛えに鍛えし⦿国《かみぐに》の、まことの身魂天駈《あまか》けり、地《くに》駈けります元の種、昔の元の御《おん》種ぞ、今落ちぶれているとても、やがては神の御民《みたみ》とし、天地《あめつち》駈けり⦿国の、救いの神と現われる、時近づきぬ御民等《みたみら》よ。今一苦労二苦労、とことん苦しきことあれど、堪え忍びてぞ次の世の、まこと⦿代《よ》の礎《いしずえ》と、磨きてくれよ⦿身魂、弥栄つぎに栄えなむ。身魂幸《さち》はえましましまさむ。

（第六巻「日月の巻」第二帖）

この帖文の中ほどに「**今落ちぶれているとても、やがては神の御民《みたみ》とし……**」とあるように、「因縁の身魂」は「落ちぶれている」のであって、それ故に本帖（第五帖）では「隈」と表現していると思われるのだ。まことに持って「五十黙示録」の帖文には多様な表現が多く、それだけに我々を悩ませるものだ。

ここで一点注意すべき点は、「八の隈」の「八」は前述の「開く」意の「八」ではなく、ここでは「八方世界」の「八」、つまり「地上世界」を意味しているということだ。つまり「八の隈から開きかける」とは、「地上世界」で落ちぶれている「因縁の身魂」たちが覚醒することを指していることになる。

このように、神が使う数字には多くの意味が込められているのであり、人間側で何か一つに決め付けると訳が分からなくなってしまうから、柔軟に捉えることが大切である。

●開けると「〇九十（マコト）」が出て来る

次に「**開けると〇と九と十との三が出てくる**」とある。これも一見してよく分からない帖文だが、「〇と九と十」が「**宮**」であり「**マコト**」であると示されていることがヒントになる。

「〇九十」はそのままでも語呂合わせ的に「マコト（＝〇九十《マコト》）」と読めるので何となく分かり易い感じを受けるが、では「開けるとマコト（〇九十）が出て来る」の神意は何だろうか？

私は次のように解釈している。

・八は「八方世界（地上世界）」のことであるから、これを数字で表すと次のようになる。

一、二、三、四、五、六、七、八

・八（地上世界）が「開けると〇と九と十との三つが出て来る」のだから、数字で表すと次のようになる

〇、一、二、三、四、五、六、七、八、九、十

地上世界は「一～八」までの世界であるが、これが開ければ「〇、九、十」が新たに増えることになって、しかも「〇九十」が「マコト」と読めるように、これまで閉められていた地上世界の「岩戸」が開けば「マコトの世」になると解釈することが出来るのである。

そしてこの場合の「〇、九、十」のそれぞれの意味は次のように捉えられる。

・「〇」は「ム（無→霊的根源）」であり、ここから「ウ（有→地上世界）」が生まれる。

・「九」は「括り」であり、また「苦」でもある。「八」の地上世界から新世界（ミロクの世、マコトの世）に次元上昇するためには、それまで積みに積んだ「メグリ」を括り、苦難の中で

「身魂」を磨くことを表している。

・「十」は桁が一つ上がった新世界、つまり「ミロクの世」である。また十には「完全、神」の意味もある。

では「**これ（=〇、九、十）を宮と申すのぞ、宮とはマコトのことであるぞ**」にはどんな意味があるのだろうか？　この帖文に続いて「**西と東に宮建てよ**」とあるので、「宮」を「お社《やしろ》」や「神社」などのような物理的な建造物と考えてしまいそうだが、これでは意味が通らない。第一、この指示に基づき天明たちが「西」と「東」に建造物としての「宮」を建立したと言う事実は聞いたことも読んだこともないのである。

よって私は、ここで言う「宮」とは「人間」のことであると考えている。建物としての「宮」ではなく、神が憑《か》かるための人間、つまり「生宮《いくみや》」と解したい。よって「宮」=「神が憑かる人間、生宮)」=「因縁の身魂」=「(マコトの）生宮」と解釈出来る。この解釈に立てば、「西と東に宮建てよ」とは、神国日本の西にも東にも「因縁の身魂」を出現させよ、ということになる。

ここで「西」と「東」に区分しているのは、おそらく「富士」を境にした「西日本」と「東日本」を指していると考えられる。「富士」は至高の神の山であって神国日本そのものの象徴でもある。勿論、日本地図を見て貰えば直ぐに分かることだが、富士は正に日本を東西に分ける絶妙の場所にあるのだ。

なお更に深堀りして考察すれば、「富士」を境に「西日本」と「東日本」に分かれるのは、西日本と東日本が神仕組上「陽」と「陰」のような役割を持っているからかも知れない。

これに関連して思い出すのは、日月神示の先行霊脈とされる「黒住《くろずみ》、天理《てんり》、金光《こんこう》、妙霊《みようれい》、大本《おおもと》」の神道系各宗派は、全てが「西日本」で起こっていることに対し、日月神示だけが「東日本」で発祥していることだ。

神仕組上これが偶然であるはずがなく、神仕組の足場が西日本で確立され、それによって本命の「日月神示」が東日本に降ろされたように見えるのは私だけであろうか？「富士」を中心に「西」と「東」が結ばれたと考えても、あながち的外れではあるまい。

では次の文節に移る。

マコトの数を合わせると五と五十であるぞ。中心に五があり、その周辺が五十となるのであるぞ。これが根本の型であり、型の歌であり、型の数であるぞ、摩邇《マニ》の宝珠《タマ》であるぞ、五十は伊勢であるぞ、五百は日本であるぞ、五千は世界であるぞ、この方《ほう》五千の山、五万の川、五億のクニであるぞと申してあろうがな。

●マコトの数は中心に五があり周囲が五十となる

本帖後半の文節は、数字(数霊)を用いた根本的な神仕組の説明である。

「**マコトの数を合わせると五と五十であるぞ。中心に五があり、その周辺が五十となるのであるぞ**」と示されているのは、第一巻「扶桑《ふそう》之巻」第一帖に次のように示されていることと同義であると捉えられる。

五のイシがモノ言うのであるぞ、開けば五十となり、五百となり、五千となる。握れば元の五となる、五本の指のように一と四であるぞ

（五十黙示録第一巻「扶桑之巻《ふそう》」第一帖）

根本の「五」が中心にあり、その周辺が「五十」→「五百」→「五千」と拡大展開するのは、根本の「五」の神力が具体的なカタチとなって顕現拡大することを表している。

「**これが根本の型であり、型の歌であり、型の数であるぞ**」とは、根本である「五」の神力が顕現し拡大する時は「歌（言霊）」となり、また「数（数霊）」となって働く、という意味に解される。「摩邇《マニ》の宝珠《タマ》」も同様の意味を表しており、これは第一巻「扶桑《ふそう》之巻」第十四帖に登場した「大摩邇《まに》」に通じるものである。

「**五十は伊勢であるぞ**」において「五十」が「伊勢」であることは、本帖において初めて明らかにされたのであるが、実は第一巻「扶桑《ふそう》の巻」第一帖の考察で私が同様のことを述べている。図らずも本帖によって私の解釈が正しかったことが証明されたことになった。

第一帖の考察において、私は「五十黙示録」が「伊勢の国（三重県）」において岡本天明に伝達された黙示であると解いているが、天明は晩年、北伊勢の菰野《こもの》に開いた「至恩郷《しおんきょう》」で暮らしていたから、「五十黙示録」は正に「五十（伊勢）」で降ろされた最後の神示なのである。

最後の「五百は日本であるぞ、五千は世界であるぞ、この方《ほう》五千の山、五万の川、五億のクニであるぞと申してあろうがな」は特に難解ではない。「五百の日本」も「五千の世界、山」も「五万の川」も「五億のクニ」も根本の「五」から出たものであり、それを統《す》べるのは「この方《ほう》」つまり国祖様（＝国常立大神）だと宣言しているのである。

第六帖

禍《わざわい》というものは無いのであるぞ、光を忘れ、光に背くから、嫌なことが起こるのぢや、影がさすのぢや、禍とか悲しみという暗いものがないのがマコトであるぞ、中心は無と申してあろう。中心は見えんから、わからんから、外のカスばかり見ているからつまらんことで、つまらんことが起こってくるのぞ、その見えぬ力が永遠の生命と現われるのであるぞ、見えるものは有限ぢや。この世の大泥棒を高山《たかやま》ぢやと申して、この世を自由にさせておいてよいのか、元の元の元をよく見極め、中の中の中の見えぬものを摑《つか》まねばならんぞ、そこから正さねば外側からばかり清めても何もならん。

〈考察〉

本帖は三つのテーマが含まれているので、例によって文節ごとに考察する。まずは最初の文節から。

禍《わざわい》というものは無いのであるぞ、光を忘れ、光に背くから、嫌なことが起こるのぢゃ、影がさすのぢゃ、禍とか悲しみという暗いものがないのがマコトであるぞ

●禍《わざわい》は有るのか？　無いのか？

本帖では「**禍とか悲しみという暗いものがないのがマコトであるぞ**」と断言しているが、実は、第一巻「扶桑《ふそう》之巻」第三帖にはほとんど正反対のことが降ろされている。次のものだ。

岩戸の開けたその当座は、不合理に思えることばかり出てくるぞ、逆様《さかさま》の世界が、この世界に入り交じるからであるぞ

（五十黙示録第一巻「扶桑《ふそう》の巻」第三帖）

この神示では「**不合理に思えることばかりが出て来る**」と示されていることに対して、本帖（第六帖）では「**（禍や悲しみなどは）無い**」とあるから、双方の意味が反対であることは明白である。

何故このように反対のことが同じ「五十黙示録」の中に降ろされているのかと言えば、それは人民の「真我」と「自我」の立場によって「ど、ち、ら、も、正、解、」だからである。

「真我」の立場に立てば、勿論「禍、不合理、嫌なこと」などは本来無いのであるが、五度に亘る「岩戸閉め」によって人民に神の光が全く射し込まなくなったため、「真我」が沈黙する一方で「自我」が圧倒的に優勢になってしまった。このため、すべての人民が「体主霊従（＝我れ善し）」「力主体霊（＝強い者勝ち）」の性来に堕ちてしまったため、長い歴史の中で巨大な「メグリ」を積んで来たことは何度も述べて来た。

つまり「**光を忘れ、光に背く**」とはこの状態を指しているのであって、それ故に「自我」にとっては「嫌なこと」や「影」、また「不合理に思えること」が生じ、更に「逆様の世界」が入り交じったように感じるのである。

では二つ目の文節に移る。

> 中心は無と申してあろう。中心は見えんから、わからんから、外のカスばかり見ているからつまらんことで、つまらんことが起こってくるのぞ、その見えぬ力が永遠の生命と現われるのであるぞ、見えるものは有限ぢゃ

●人民は中心が見えないから外のカスばかり見ている

この帖文は「**中心**」と「**外**」について述べたものであるが、神文字「⦿」で言えば「中心」は「ヽ」であり、「外」は「〇」であることは明白である。

中心（ヽ）は「**無**」であり「**見えぬ力**」であり、更に「**永遠の生命**」であると示されているが、要するに、これが霊的な「根源」或いは「原点」ということである。「無」を「何もない」ことだと短絡的に捉えてはならない。

勿論これは「体主霊従」に堕ちている者にとっては「**わからん**」ことである。その代わりに「**目に見える**」「**有限な**」「**外のカス**」ばかりを見てしまうから、「**つまらんことでつまらんこと**

が起こってくる」と説いているのである。長い人類の歴史を見れば、このことは一目瞭然であろう。誰も否定出来るものではない。

次は最後の文節である。

この世の大泥棒を高山《たかやま》ぢゃと申して、この世を自由にさせておいてよいのか、元の元の元をよく見極め、中の中の中の見えぬものを摑《つか》まねばならんぞ、そこから正さねば外側からばかり清めても何もならん。

● 「高山《たかやま》」はこの世の大泥棒

最後の文節であるが、ここはこの直前の帖文を受け、「外のカス」ばかり見ている状態から早く抜け出るよう神が叱咤し激励している部分であると捉えられる。「**元の元の元をよく見極め、中の中の中の見えぬものを摑《つか》まねばならんぞ**」とは正にその意であって、「元の元の元」と「中の中の中」は共に「〻」のことを指している。

文節全体の意味はこのように解されるが、最も解釈に苦しむのが「**この世の大泥棒を高山《たかやま》ちゃと申して……**」という部分である。「大泥棒」のことを「高山《たかやま》」と称しているが、なぜ「高山」なのか初めはよく分からなかったからである。

「高山」について辞書などを色々調べてみたが、ほとんどが高山を「高い山」、「地名（高山市など）」、或いは「人名（氏姓）」のように解説しているだけで、全くと言ってよいほどピンと来るものがなかった。

ただ全体の文意から、「高山」とは「霊主体従」の世界において、ピラミッド社会の頂点またはその付近に位置する権力者や地位の高い者、或いは大金持ちのような者を意味するのであろうとの見当をつけていた（高山→高い山→高い地位の連想から）。

ところが或る日、たまたまインターネットを検索していると、私が求めていた「高山」の意味にピタリと一致するものを探し当てることが出来たのである。

その出所は日月神示の先行霊脈のひとつである「天理《てんり》教」の教祖「中山みき」の「おふでさき」の中にあった。それが次のものである。

高山にくらしているもたにそこにくらしているもをなしたまひい（一三　45）

この「おふでさき」は平仮名が多く少し読み難いので、私なりに漢字を当ててると、**「高山に暮らしているも、谷底に暮らしているも、同じ魂」**となる。

このように中山みきは、「高山」と「谷底」をペア（対）で用いている。意味は「高山」が社会的支配階級など上の者、対する「谷底」は下層階級いわゆる下の者を指していることは明らかである。本来「両者の魂には上下も貴賤《きせん》もない」と中山みきは説いているのだ。

そしてもう一つ、世界大百科事典の【天理教】に次のような解説文（一部）がある。

……最高の礼拝対象として建造中の石造の〈かんろだい〉が警察によって破壊された。みきは権力者を〈高山〉、民衆を〈谷底〉と呼んで、高山の没落と谷底の救済を説き、独自の創造神話《こふき（《泥海古記》）》をまとめた。前後18回にわたって検挙・勾留されたが、信仰は法律にも政治支配にも優越すると教えて、政府に妥協屈従することを許さなかった。

ここでは「高山」を権力者、「谷底」を民衆としているが、言わんとすることは同じである。

以上のことから、私は本帖の「高山」を天理教々祖「中山みき」由来であろうと考えている。

それにしても、「高山」で表される権力者や支配階級を「**この世の大泥棒**」と断言しているのは、正に日月神示ならではある。

第七帖

始めの日は始めの日に過ぎん、始めの前にあるものがわからなければ、それはただの理屈に過ぎんぞ、マコトでないぞ、根から出たものではない、枝葉に過ぎん、男から女は生まれんぞ、奇数から偶数は生まれんと申してあろうが、一つのものの表が男であるぞ、裏が女であるぞ、男から女をつくったと申すのは或る時期における教えぢゃ、岩戸が開けたのであるから教えではならん、道でなくてはならんと申してあるぞ、道は永遠ぢゃ、〇から出て〇に至るのぢゃ。

〈考察〉
本帖は比較的短いが、重要なテーマが複数含まれているのでいつものように文節ごとに考察する。まずは冒頭の二行である。

始めの日は始めの日に過ぎん、始めの前にあるものがわからなければ、それはただの理屈に過ぎんぞ、マコトでないぞ、根から出たものではない、枝葉に過ぎん

●始めの日の前にあるものとは？

この帖文では「**始めの前にあるもの**」の重要性を説いている。例えば、無数の星と無限とも思える広さを有する大宇宙は、１３７億年も前にビッグバンによって誕生したとされている。このビッグバンが宇宙の「始め」ということになるが、この帖文は「**始めの前にあるものがわからなければ、それはただの理屈（＝枝葉）に過ぎんぞ**」と教えているのである。

とは言え、唯物論や物質性を基盤とする現代科学が幾ら進歩しても、「始めの前（ビッグバン以前の状態）」を解き明かすことが出来ないことは歴然としている。

また日月神示的に言うなら、この地上世界は「八方世界」であるから、数で表せば「一、二、三、四、五、六、七、八」となるが、「始めの日」とは「一が創造された日」と捉えることが出来る。その後、順次「二〜八」までが創造される訳だが、我々が認識出来るのは創造が完了し現に存在している世界（＝八方世界）だけである。

つまり「始めの前にあるもの」が何であるかは知りようがない。前述した宇宙誕生の前が分からないことと同じである。

本帖文では、「**始めの前にあるもの**」のことを「**マコト**」とか「**根**」と示しているが、勿論これは、これまでに登場した「根源」、「中心」、「五」、「無」、「見えない力」、「永遠の命」などと呼ばれていたものと同じことであり、神文字で言えば中心の「〻」に相当するものである。

つまり端的には「始めの前にあるもの」＝「〻」と言うことが出来る。

次は二番目の文節である。

男から女は生まれんぞ、奇数から偶数は生まれんと申してあろうが、一つのものの表が男であるぞ、裏が女であるぞ、男から女をつくったと申すのは或る時期における教えぢゃ

●男と女は一つのものの表と裏

ここでいう「**男と女**」は肉体を持った男と女のことではなく、神仕組上の根本である「男性原理(陽)」と「女性原理(陰)」を意味していると考えなければ全体の意味が通らない。

男性原理は「陽」であり数では「奇数」が該当するから、「男(陽、奇数)」から「女(陰、偶数)」が生まれる道理がないのは当然である。

「男(男性原理)」と「女(女性原理)」は、本来であれば「**一つのものの表が男であるぞ、裏が女であるぞ**」と示されているように、「一つのもの」の「陽」と「陰」の働きを掌《つかさど》るものなのである。

日本神話における「造化三神」は「アメノミナカヌシ」、「タカミムスビ」、「カミムスビ」の三神であるが、これは三神がそれぞれ独立して存在しているのではなく、根源神である「アメノミナカヌシ」の「陽の働き(男性原理、奇数)」が「タカミムスビ」を表し、「陰の働き(女性原理、偶数)」が「カミムスビ」を表していると捉えるべきものだ。これが「**一つのものの表と裏**」ということである。

次に「**男から女をつくったと申すのは或る時期における教えぢゃ**」とあるが、この最も分かり易い例が『旧約聖書』の中の「創世期」に書かれている。次のものだ。

主なる神は人（注：アダム）から取ったあばら骨で一人の女（注：エバ）を造り、人のところへ連れてこられた。そのとき、人は言った。
「これこそ、ついにわたしの骨の骨、
わたしの肉の肉。
男から取ったものだから、
これを女と名づけよう」。

（創世記　第二章22、23）

このように旧約聖書の記述は、男と女が「一つのものの表と裏」とはほど遠いことを書いているのである。女は男の一部すなわち従属物であるという捉え方でしかない。
何故このような「教え」になってしまったのだろうか？　それは言うまでもない。五度の「岩戸閉め」によって神の光が全く射し込まなくなり、「男性原理」が支配する世界になってしまったからである。

では最後の文節に移る。

岩戸が開けたのであるから教えではならん、道でなくてはならんと申してあるぞ、道は永遠ぢゃ、〇から出て〇に至るのぢゃ。

●「〇」から出て「〇」に至る

最後の帖文の趣旨は明快である。「**教え**（＝岩戸が閉められていた時の宗教）」ではなく、「**道**（＝岩戸が開けてから理解される永遠の霊的真理）」でなければならん、と教えているのである。当然のことだ。

なお「**〇から出て〇に至る**」とあるが、「〇」は「レイ（霊）」と読むべきであり、既述の「根」、「マコト」、「根源」、「中心」、「五」、「無」、「見えない力」、「永遠の命」などと同義である。

「〇から出て〇に至る」とは、黙示録らしい一捻《ひとひね》りした表現であるが、この意味は「**元の〇か**

ら出て、より深化した〇に至る」と解さなければならない。単なる「元返り」ではない。「より深化した〇」になるための「場」がこの地上世界であり、全ての人間はそこで「メグリ」を積み、それによって「身魂」を磨いて霊的な深化を果たすのである。

第八帖

四ツ足を食ってはならん、共喰いとなるぞ、草木から動物生まれると申してあろう、神民の食物は五穀野菜の類《たぐい》であるぞ。今の人民の申す善も悪も一度に開いて、パッと咲き出るのが、次の世の新しき世の有り様であるぞ、取り違いせぬように、悪と申しても魔ではないぞ、アクであるぞ。大峠の最中になったら、キリキリ舞《まい》して、助けてくれと押し寄せるなれど、その時では間に合わん、逆立ちしてお詫びに来ても、どうすることも出来ん、皆己の心であるからぞ、今の内に改心結構、神の申す言葉がわからぬならば、天地のあり方、天地のあり方による動きをよく見極めて下されよ、納得の行くように致して見せてあるでないか。

〈考察〉

本帖も複数のテーマがあるので、文節ごとに区切って考察する。最初は「食」に関することである。

四ツ足を食ってはならん、共喰いとなるぞ、草木から動物生まれると申してあろう、神民の食物は五穀野菜の類《たぐい》であるぞ。

●**四ツ足を食ってはならん**

この帖文は「神民の食物」の在り方について述べたものである。

神は極めて強い調子で「**四ツ足を食ってはならん、共喰いとなるぞ**」と戒めているが、これは注目に値する。と言うのは、日月神示にはこれ以外にも「食（物）」に関するピースが多く降ろされているが、これほど強い表現は他にはないからである。

何故このような命令調の神示が降ろされているのかと言えば、一つには本帖が降ろされた当時（昭和36年）の日本が、戦後の高度経済成長の波に乗って食生活が大きく変わって来たことが挙げられる。

元来日本人は、四ツ足の動物の肉を食べる習慣はあまりなく、魚を多く食していたのであるが、明治以降、欧米文化が大量に入って来ると、食生活も肉食が多くなって行った。それが爆発的に増加したのが、戦後の経済復興が進みだしてからなのである。

神がこの状況を憂えて、「四つ足を食ってはならん」のように、強い調子の神示を降ろしたと考えられる。

それともう一つ、全く別の解釈を採ることが出来る。と言うのは、この禁止命令のような神示は、一般の日本人に対してではなく、「岡本天明個人」に宛てたものと考えてもピタリと符合するからである。

天明はこの時期、北伊勢の菰野《こもの》に「至恩郷《しおんきょう》」という拠点を構えて暮らしていた。彼は何度も大きな病気に罹《かか》っており、寝たり起きたりの療養生活をしていたのであるが、妻の岡本三典女史は、天明のために食事には特に気を遣い、「（天明には）おいしい物をいっぱい食べさせた」と述懐している。

また近隣の住民は「偉い先生が来た」ということで、多くの食べ物を差し入れしていたという話も伝わっている（『岡本天明伝』による）。

このようなことから、天明が牛肉や豚肉などの「四ツ足」を食していた可能性は十分あったと考えられるのである。「四ツ足を食ってはならん」という命令口調の表現は、一般の人民に対して発せられたというよりは、むしろ「因縁の身魂」であった岡本天明本人に宛てたものだと捉えた方がスッキリするようにも思われる。

何故「**四ツ足**」を食ってはならないのか？　その理由を神は「共喰いとなる」からだと明言し、その上で「**神民の食物は五穀野菜の類《たぐい》であるぞ**」と教示している。これは神民が本来食べるべき食物を極めて明快に示したものとして注目される。端的に申せば、神民は「ベジタリアン」であることが本来的な姿だということになるが、日月神示はその辺りの事情についてもキチンと示している。

少し長い帖文であるが、「食の本質」を理解するためには極めて重要なので次に挙げておく。しっかりとお読み頂きたい。

霊人はまた、いろいろな食物を食している。言うまでもなく霊人の食物であるが、これまたその霊人の状態によって千変万化するが、要するに歓喜を食べているのである。食べられる霊食そのものも、食べる霊人もいずれも食べる、ということによって歓喜しているのである。地上人の場合は、物質を口より食べるのであるが、霊人は口のみでなく、目からも、鼻からも、耳からも、皮膚からも、手からも、足からも食物を身体全体から食べるものである。そして、食べるということは、霊人と霊食とが調和し、融けあい、一つの歓喜となることである。霊人から見れば、食物を自分自身たる霊人の一部とするのであるが、食物から見れば霊人を食物としての歓喜の中に引き入れることになるのである。これらの行為は、本質的には、地上人と相通ずる食物であり、食べ方ではあるが、その歓喜の度合いおよび表現には大きな差がある。食物は歓喜であり、歓喜は神であるから、神から神を与えられるのである。以上のごとくであるから、他から霊人の食べるのを見ていると、食べているのか、食べられているのかわからないほどである。また霊人の食物は、その質において、その霊体の持つ質より遠く離れたものを好む。現実社会における、山菜、果物、海草等に相当する植物性のものを好み、同類である動物性のものは好まない。何故ならば、性の遠く離れた食物ほど歓喜の度が強くなってくるからである。霊人自身に近い動物霊的なものを食べると歓喜しないのみならず、かえって不快となるからである。そして霊人は、これらの食物を歓喜によって調理している。そしてまた与えられたすべての食物は、悉く食べて一物も残さないのである。

（第十七巻「地震の巻」第十五帖）

「地震の巻」のこの帖は「食の本質」を明示したものである。食の本質は「歓喜」であり、歓喜を与えるものを食するのが理想であるが、霊人に歓喜を与える物とは「**その霊体の持つ質より遠く離れたもの**」であり、具体的には「**現実社会における、山菜、果物、海草等に相当する植物性のもの**」と示されている。

従って「（霊人と）**同類である動物性のものは好まない（＝歓喜しない）**」とあるのは当然である。先の「共喰い」は「同類を食う」ことであるから、「歓喜」する訳がないのも当然の道理である。このことにピンと来ない者は、「同類」ではなく「同族」を食うこと、つまり人間が人間を殺して食うことをイメージし、これが「歓喜」につながるかどうかを考えて見ればよいだろう。

なおここで注意すべきことは、神民（霊人）は皆「ベジタリアンでなければならない」と教条主義的に解釈してはならない、ということだ。前記の神示には「（霊人は）植物性のものを好む」とか「動物性のものは好まない」とあるが、それ故に「植物性のものだけ食べる」、或いは「動物性の物は絶対に食べない（食べてはならない）」とは示されていないからだ。

「**霊人の食物であるが、これまたその霊人の状態によって千変万化する**」とある通りなのである。

注：なお「食」全体の問題については、とても本帖だけの解説で完結するものではない。これについて詳しくは、拙著『奥義編［日月神示］神一厘のすべて』（ヒカルランド）、を参照されたい。

次の文節に移る。

今の人民の申す善も悪も一度に開いて、パッと咲き出るのが、次の世の新しき世の有り様であるぞ、取り違いせぬように、悪と申しても魔ではないぞ、アクであるぞ。

●次の新しき世では善も悪も隠すことは出来ない

右の帖文は、「**次の世の新しき世の有り様**」について、「善」と「悪」を例に取って述べたものである。「**今の人民の申す善も悪も一度に開いて、パッと咲き出る**」とは、新しい世（ミロクの世）では、善も悪も隠すことが出来ない、つまり何もかもが全部明らかになる、ということであろう。

それが「ミロクの世」であり、「霊主体従」の神人だけが住む世界の大きな特徴である。「ミロクの世」が「水晶の世」と形容される所以《ゆえん》でもある。

ただし、勘違いしてならないのは、「**悪と申しても魔ではないぞ、アクであるぞ**」とあるように、人民が考える「悪（魔）」と神が教える「悪（アク）」は根本的に異なることだ。人民はどうしても「善悪二元論」で捉えるから、悪が無くなれば善だけの世界になると簡単に思い込んでしまうが、それがそもそもの間違いである。神が教える「悪（アク）」とはあくまで「悪の御用」のことであって、「善の御用」と表裏一体をなすものである。善悪一如、善悪不二という意味における悪の意であることを忘れてはならない。

では、最後の文節に移ろう。

大峠の最中になったら、キリキリ舞《まい》して、助けてくれと押し寄せるなれど、その時では間に合わん、逆立ちしてお詫びに来ても、どうすることも出来ん、皆己の心であるからぞ、今の内に改心結構、神の申す言葉がわからぬならば、天地のあり方、天地のあり方による動きをよく見極めて下されよ、納得の行くように致して見せてあるでないか。

●大峠の時に「助けてくれ」と言っても遅い

本帖最後の部分は、人民に対する警告である。

日月神示に関心を持つ人民の多くは、「**大峠**」という神の仕組を単なる「予言」程度に捉えてほとんど深刻に受け止めておらず、従って「身魂磨き」に精進する者も少ないと思われる。

こういう状態の人民に限って、「**大峠の最中になったら、キリキリ舞《まい》して、助けてくれと押し寄せる**」のであるが、神は「**その時では間に合わん、逆立ちしてお詫びに来ても、どうすることも出来ん**」と冷厳に警告を発しているのである。このようになってしまう原因が「**皆己の**

心」に起因するのは当然である。その心とは「体主霊従、我れ善し」の心のことである。

「**神の申す言葉がわからぬならば、天地のあり方、天地のあり方による動きをよく見極めて下されよ、納得の行くように致して見せてあるでないか**」とは、人間を含む天地自然全てのあり方やその動きを注意深く観察すれば、神仕組の何たるかが分かるから、それをよく見極めよとの諭しであろう。

神仕組の進展に伴って、人間も天地自然も必ず変化するからである。ただしこの場合は、「現象面の変化」の奥に「霊的な原因」を見る目が必要であることを忘れてはならない。くどいようだが、そのためには「身魂磨き」の深化が絶対に必要であることを付言しておく。

第九帖

九分行ったら一休みせよ、始めから終わりまで休まずに行くと、今の人民では息切れ致すぞ、一休みして自分の来た道を振り返れよ。この世の世話をさすために、人民には肉体を与えてあるのぞ、活神《いきがみ》がしたのでは堪《こば》れんものが沢山出てくるからぢゃ、立て替え、立て直し、一時に来ているから、我れ善しの人民にはわからんことになるぞ、この世の動きがわからんのは我れ善しざからぞ、今度の岩戸開きは五度の岩戸閉めを一度に開くのであるから、人民にはなかなかに理解出来んことに折り重なってくるから、何事も神の申すとおりハイハイと素直にきくのが一等であるぞ。

〈考察〉

本帖は二つのテーマから成るので、文節ごとに考察する。最初は次のものである。

九分行ったら一休みせよ、始めから終わりまで休まずに行くと、今の人民では息切れ致すぞ、一休みして自分の来た道を振り返れよ。

●九分行ったら一休みして、来た道を振り返れ

本帖最初の文節は、人民の「身魂磨き」においては必ず途中で「**一休み**」して、「**自分の来た道を振り返る**」ことの重要性を教えたものである。

「身魂磨き」とは一朝一夕に出来るものではなく、生きている限りずっと続くものである。そこには降りかかる「メグリ」の種類や程度によって、様々な苦難とそれによる学びがあり、絶対に画一的に行くものではない。一筋縄では行かないのだ。

このため神は「（必ず）一旦立ち止まって、振り返り反省せよ」と教示しているのであり、その目安が「**九分行ったら一休み**」ということである。

ここで言う「九分」は90％と同義であるから、その者にとっては正にゴール直前であり、あと一息で到達（完成、成就）する段階まで進んだ時を指している。ここまで来れば、人間なら誰しもそのまま突っ走ってゴールインしたいと思うだろうが、前述の通り、「身魂磨き」は生きている限りずっと続くものであるから、「**始めから終わりまで休まずに行くと、今の人民では息切れ致すぞ**」ということになってしまうのである。

つまり「一休み」の意義は、第一に「息切れ」しないことであり、第二に「来た道を振り返る」ためである、ということだ。「九分」まで来た時に振り返るのは、来た道のほぼ全体が分かっているからであり、これによって反省し次の判断が確実なものになるからであろう。

次は本帖最後の文節である。

この世の世話をさすために、人民には肉体を与えてあるのぞ、活神《いきがみ》がしたのでは堪《こば》れんものが沢山出てくるからぢや、立て替え、立て直し、一時に来ているから、我れ善しの人民にはわからんことになるぞ、この世の動きがわからんのは我れ善しざからぞ、今度の岩戸開きは五度の岩戸閉めを一度に開くのであるから、人民にはなかなかに理解出来んことに折り重なってくるから、何事も神の申すとおりハイハイと素直にきくのが一等であるぞ。

●人民の役割はこの世の岩戸開き

この帖文は「**岩戸開き**（＝**立て替え、立て直し**）」における「人民の役割」を述べたものである。このことを念頭に置いて読まないと、正確な意味が採れないから注意が必要である。

まず「**人民に肉体を与えている**」のは「**この世の世話をさす**」ためであると明示されているが、要するにこのことは地上世界の「岩戸開き（＝立て替え、立て直し）」の〝主役〟が人民であることを意味しているのだ。

またここで「世話をする」とは、一般的な意味の「面倒を見る」程度のことではなく、「岩戸開きの御用をする」という意味に解さなければならない。何故なら「(岩戸開きを)**活神《いきがみ》がしたのでは、**「(人民の中に)**堪《こば》れんものが沢山出てくる**」と示されているからである（「堪《こば》れる」とは「こらえる、たえる」の意）。つまり神がその神力を振るって「岩戸」を開いたのでは、人民が堪《た》えられないと述べているのだ。

人民にはこのように「岩戸開き」の重要な役割が与えられているが、「我れ善し」の性来に堕ちているために、「神の仕組が理解出来ない」と指摘されている。「**立て替え、立て直し、一時に来ているから、我れ善しの人民にはわからんことになるぞ**」とか「**この世の動きがわからんのは我れ善しざからぞ**」とあることがそれである。

しかも、「**今度の岩戸開きは五度の岩戸閉めを一度に開くのであるから、人民にはなかなかに理解出来んことに折り重なってくる**」とある通り、ただでさえ「岩戸開きの何たるかがわからん」所に、今度は「五度の岩戸閉めを一度に開く」などというとんでもないこと（神仕組）が「折り重なってくる」というのであるから、人民の頭は混乱を極めるのがオチである。

それではどうするのか？　どうすべきなのか？　どうすればよいのか？　その答えは「あなた」が神の道を歩む不屈の意思を持っているなら、人間の智や学から離れて「**何事も神の申すとおりハイハイと素直にきくのが一等である**」に従うことである。

ではもう一歩突っ込んで、「何事も神の申すとおり……」の中で、人民にとって最も大事なことは何であろうか？　それは何度も述べているように「身魂磨き」に他ならない。これ以上重要なことはないのである。「何事も」などと言われれば、種々《しゅしゅ》諸々《もろもろ》数多《あまた》のことが含まれていると考えたくなるだろうが、「因縁の身魂」たちが神から特に命じられた「神業」に奉仕する場合などを除けば、全ては「身魂磨き」に帰結すると考えて間違いない。

次に「**五度の岩戸閉めを一度に開く**」とあることについては、これ自体が巨大な神仕組であって項を改めて詳細に論じなければならないものである。しかし、それを本帖の考察の中で書くことは適当ではない。

と言うのは「岩戸開き」を論ずるためには、そもそも論として「**岩戸閉め**」が何故起こったのか？　それにはどんな意味があるのか？　を知らなければ先に進むことが出来ないからだ。考えるまでもなく、「岩戸閉め」がなければ「岩戸開き」もあり得ない。よって「岩戸閉め」の神理を知らずして「岩戸開き」の神理を理解出来る訳がないのである。

従って「五度の岩戸閉めを一度に開く」ことについては、この後に続く「第十帖」の考察に合わせて述べることとする。第十帖は「五度に亘る岩戸閉め」について詳細に明かしているからである。

第十帖

岩戸閉めの始めはナギ（伊邪那岐《イザナギ》）ナミ（伊邪那美《イザナミ》）の命《ミコト》の時であるぞ、ナミの神が火の神を生んで黄泉国《よみのくに》に入られたのが、そもそもであるぞ、十の卵を八つ生んで二つ残して行かれたのであるぞ、十二の卵を十生んだことにもなるのであるぞ、五つの卵を四つ産んだとも言えるのであるぞ、すべて神界のこと、霊界のことは、現界から見れば妙なことであるなれど、それでちゃんと道にはまっているのであるぞ。一《ひと》ヒネリしてあるのぢや、天と地との間に大きなレンズがあると思えばだんだんにわかりてくるぞ。夫神、妻神、別れ別れになったから、一方的となったから、岩戸が閉められたのである道理、わかるであるうがな。その後独《ひと》り神《がみ》となられた夫神が三神をはじめ、いろいろなものをお生みになったのであるが、それが一方的であることは申すまでもないことであろう、妻神も同様、黄泉大神となられて、黄泉国のすべてを生み育て給うたのであるぞ、この夫婦神が、時めぐり来て、千引《ちび》きの岩戸を開かれて相抱《あいいだ》き給う時節来たのであるぞ、嬉《うれ》し嬉しの時代となって来たのであるぞ。同じ名の神が至るところに現われて来るのざぞ、名は同じでも働きは逆なのであるぞ、この二つが揃うて、三つとなるのぞ、三が道ぞと知らせてあろうがな。時来たりなばこの千引きの岩戸を共に開かんと申してあろうがな。

次の岩戸閉めは天照大神の時ぞ、大神はまだ岩戸の中にましますのぞ、騙《だま》した岩戸からは騙した神がお出ましぞと知らせてあろう。いよいよとなって、マコトの天照大神、天照皇大神、日の大神、揃《そろ》うてお出まし近うなって来たぞ。

次の岩戸閉めは素盞嗚命《スサナルノミコト》にすべての罪を着せて根《ね》の国に追いやった時であるぞ、素盞嗚命は天ケ下《あめがした》を治《しろ》しめす御役《おんやく》の神であるぞ。天ケ下は重きものの積もりて固まりたものであるから罪と見えるのであって、よろずの天の神々が積《つ》もる（という）ツミ（積）をよく理解せずして罪神と誤ってしまったので、これが正しく岩戸閉めであったぞ、命《ミコト》を荒ぶる神なりと申して伝えているなれど、荒ぶる神とは粗暴な神ではないぞ、暴れ廻り、壊し廻る神ではないぞ、アラフル（現生る）神であるぞ、天ケ下、大国土守り育て給う神であるぞ、取り違いしていて申し訳あるまいがな。このことよく理解出来ねば、今度の大峠は越せんぞ。絶対の御力を発揮し給う、ナギ・ナミ両神が、天ケ下を治《し》らす御役目を命じられてお生みなされた尊き御神であるぞ。素盞嗚の命《ミコト》にも二通りあるぞ、一神で生み給える御神と、夫婦呼吸を合わせて生み給える御神と二通りあるぞ、間違えてはならんことぞ。

神武天皇の岩戸閉めは、御自《おんみずか》ら人皇を名乗り給うより他に道なきまでの御動きをなされたからであるぞ。神の世から人の世への移り変わりの事柄を、一応、岩戸に隠して神《カム》倭伊《ヤマトイ》波《ハ》礼《レ》琵《ヒ》古命《コノミコト》として、人皇として立たれたのであるから、大きな岩戸閉めの一つであるぞ。

仏教の渡来までは、わずかながらもマコトの神道の光が射していたのであるなれど、仏教と共に仏魔渡り来て、完全に岩戸が閉められて、暗闇の世となったのであるぞ、その後はもう乱れ放題、やり放題の世となったのであるぞ、これが五度目の大きな岩戸閉めであるぞ。

〈考察〉

この第十帖は「五十黙示録」全体の中で、最も重要なものの一つと言ってもよいと思う。何故なら「五十黙示録」より先に降ろされた日月神示の巻には、「岩戸閉め」と「岩戸開き」という最重要なキーワード自体は何度も登場しているが、そもそも「岩戸閉め」とは何なのか？という肝心要《かんじんかなめ》の説明が一切なかったからである。その「岩戸閉め」について詳細に示されたのが本帖なのだ。

常識的に考えて見ても、「（岩戸が）閉められた」から「開く（開かなければならない）」のであって、元々閉められていなければ「岩戸開き」などあり得ないし、『日月神示』が降ろされることもなかったはずである。勿論、私のような者が日月神示を研究することも、その成果を発表することもなかったのである。

つまり全ての「コトの起こり」は「岩戸閉め」にあると言っても過言ではないのだ。

「岩戸閉め」とは何か？

「岩戸」は何故閉められたのか？

偶然なのか？　必然なのか？

これらについて、これからじっくりと考えて行きたい。

「岩戸閉め」は全部で五度あったので、全体の意義を論ずる前に個々の「岩戸閉め」について考察しなければならないが、順序としてまずは五度の「岩戸閉め」のそれぞれがどんなものであったのかを箇条的に纏めておくので、読者には頭に入れておいて頂きたい。
最初にこのことを把握しておけば、これから先の説明が分かり易くなると思う。

【五度の岩戸閉め】
◎最初の岩戸閉め……イザナギ神とイザナミ神が離別した時
◎二度目の岩戸閉め……騙《だま》した岩戸から偽のアマテラスが出て来た時
◎三度目の岩戸閉め……スサナルノミコトが全ての罪を着せられて根の国に追放された時
◎四度目の岩戸閉め……神武天皇が人皇《じんのう》として立った時
◎五度目の岩戸閉め……仏教と共に仏魔《ぶつま》が渡って来た時

五度に亘る「岩戸閉め」の概要は右のようになるが、一見して分かるように、ここには神代《かみよ》の時代の話（つまり神話）や初代天皇である神武天皇の即位、それに仏教渡来などが入っている。大事なことは、これらの「岩戸閉め」は全てこの「日本で起こった」ということだ。

しかも時代的には物凄く古いことが大きな特徴である。神話の時代は言うまでもなく、岩戸閉めの最後にあたる「五度目の岩戸閉め」は日本への仏教伝来と重なっているが、これとても6世紀のことであるから、今から1500年近くも過去のことになる。

このように「岩戸閉め」の舞台が神話の時代まで遡《さかのぼ》る太古の「日本」であったことは、極めて重要なポイントである。

それともうひとつハッキリさせておかなければならないことは、五度に亘る「岩戸閉め」は単なる「偶然」によって起こったのか？　それとも大いなる神仕組による「必然」の結果なのか？　ということである。

私の答えは「岩戸閉め」は間違いなく「必然」によって起こったものであって「偶然」などではないということだ。全ては「世の元の大神」様の大計画（大神策、大経綸、大仕組）によるものである。常識的に考えても、「偶然」によって「岩戸閉め」が五度も続けて起こることなどあり得ない。

もし全ての「岩戸閉め」が単なる「偶然」によって起こったのであれば、20世紀半ばになってから、国常立大神が日月神示を日本に降ろし、やれ「岩戸開き」だ、やれ「立て替えの大峠」だ、臣民は「身魂を磨け」などと大号令を発すること自体が、あまりにも不自然過ぎるではないか。

「岩戸閉め」が偶然の結果なら、「岩戸開き」も偶然に任せておけばよいのである。

よって「岩戸閉め」は、「世の元の大神」様が「ある目的」のために起こした「必然」の結果であると捉えなければならない。

ひとまずここまでの要点を纏めておこう。

◎岩戸閉めは太古の昔この「日本」で起こった。

◎五度の「岩戸閉め」は偶然の産物ではなく、「世の元の神」様の大計画によるものである。

以上の二点は、これから「岩戸閉め」の謎を解くために極めて重要なポイントになるものであるから、しっかり押さえておいて頂きたい。

ではここから、個々の岩戸閉めについて詳細に見て行くことにする。

【最初の岩戸閉め】

岩戸閉めの始めはナギ（伊邪那岐《イザナギ》）ナミ（伊邪那美《イザナミ》）の命《ミコト》の時であるぞ、ナミの神が火の神を生んで黄泉国《よみのくに》に入られたのが、そもそもであるぞ、十の卵を八つ生んで二つ残して行かれたのであるぞ、十二の卵を十生んだことにもなるのであるぞ、五つの卵を四つ産んだとも言えるのであるぞ、すべて神界のこと、霊界のことは、現界から見れば妙なことであるなれど、それでちゃんと道にはまっているのであるぞ。一《ひと》ヒネリしてあるのぢゃ、天と地との間に大きなレンズがあると思えばだんだんにわかりてくるぞ。

夫神、妻神、別れ別れになったから、一方的となったから、岩戸が閉められたのである道理、わかるであろうがな。その後独《ひと》り神《がみ》となられた夫神が三神をはじめ、いろいろなものをお生みになったのであるが、それが一方的であることは申すまでもないことであろう、妻神も同様、黄泉大神となられて、黄泉国のすべてを生み育て給うたのであるぞ、この夫婦神が、時めぐり来て、千引《ちび》きの岩戸を開かれて相抱《あいいだ》き給う時節来たのであるぞ、嬉《うれ》し嬉しの時代となって来たのであるぞ。同じ名の神が至るところに現われて来るのざぞ、名は同じでも働きは逆なのであるぞ、この二つが揃うて、三つとなるのぞ、三が道ぞと知らせてあろうがな。時来たりなばこの千引きの岩戸を共に開かんと申してあろうがな。

注：最初の「岩戸閉め」に関する帖文はかなりの長文であり、内容的には前半部と後半部に分けられる。このため意図的に一行空けているので承知されたい。

●岩戸閉めの「そもそも論」

前半部ではまず「**ナミの神が火の神を生んで黄泉国《よみのくに》に入られたのが、そもそもであるぞ**」とあることに注目しなければならない。「コトの始まり」はここにある、と述べているからだ。

これが何を意味するのか？　と言えば、表向きはそれまで夫婦神として一緒だったイザナギとイザナミが別れたということであるが、これだけでは何のことか全く分からない。

このことを霊的に見れば、夫であるイザナギは「男性原理（、、陽）」の象徴であり、妻であるイザナミは「女性原理（〇、陰）」の象徴ということになる。夫婦神が揃っていた時は「、（陽）」と「〇（陰）」が結ばれた完全な状態「⦿」であったが、イザナミが死んで黄泉国に入ったことにより、「、（陽）」と「〇（陰）」が切り離されてしまったことになる。

つまり「コトの起こり」の霊的意味とは、「男性原理（、、陽）」と「女性原理（○、陰）」の分離のことであって、帖文ではこのことを「**そもそもであるぞ**」と述べているのである。言葉を換えれば「陽と陰が揃った完全な状態が分離して不完全な状態が生まれた」とも言い得る。

要するに「完全であったものが不完全になった」のであるが、私はこれが最初の「岩戸閉め」に込められた神意だと考えている。

●神界・霊界と現界の間には大きなレンズがある

次に「**十の卵を八つ生んで二つ残して行かれた**」、「**十二の卵を十生んだことにもなる**」、また「**五つの卵を四つ産んだとも言える**」などとある箇所は、一見すると謎だらけである。

ここは「数字」そのものに深い意味があるというより、全体として何かを暗示しているように思われる。

つまり「十と八」、「十二と十」そして「五と四」の関係は、本来「完全（十、十二、五）」であったものが、「不完全（つまり十のうちの八、十二のうちの十、五のうちの四）」になったことを意味しているのではないか？　ということである。

このことは前記の「男性原理」と「女性原理」の分離が根底にあるからであろう。

とは言えこのような表現は、「**すべて神界のこと、霊界のことは、現界から見れば妙なことであるなれど、それでちゃんと道にはまっている**」とある通り、現界（＝地上世界）に住む我々から見ればチンプンカンプンであるが、神仕組としては「ちゃんと道にはまっている」のである。

「**一《ひと》ヒネリしてあるのぢゃ、天と地との間に大きなレンズがあると思えばだんだんわかりてくるぞ**」も同様の意味である。要するに神は本帖で述べている「岩戸閉め」について、それに関する神仕組の奥義をズバリ書いているのではなく、「一《ひと》ヒネリして（或いは、大きなレンズを通して）」書いている、と述べているのである。

よって帖文をそのまま読んでも、何のことか分からないのは当然である。よい例が前述した【五度の岩戸閉め】を箇条的に纏めたものである。これを見ても、そこにどんな神仕組や神意が秘められているかは、ほとんど分からないはずである。

イザナギとイザナミが別れたことが何故「最初の岩戸閉め」なのか？ それを解明しなければ

ば「岩戸閉め」の真実は決して見えて来ないのである。

大事なことなのでもう一度私の解き方を繰り返すと、先に述べた通り、「男性原理（ヽ、陽）」と「女性原理（〇）、陰」が分離したことによって、「完全」であったものが「不完全」になった、ということである。

これを「世の元の大神」様の立場から申せば、「ある目的のために、それまで完全だったものを分離して不完全な状態にした」ということになる。何れにしろ、これが「(五度に亘る)岩戸閉め」の「コトの起こり」である。

●夫婦であった神が別れたため「一方的」になった

次に後半部の考察に入るが、ここでのキーワードは「**一方的**」ということである。「**夫神、妻神、別れ別れになったから、一方的となった**」とあるように、夫であるイザナギと妻であるイザナミが生む世界は、それぞれ「男性原理」による世界と「女性原理」による世界にならざるを得なかった。

本来「男性原理」と「女性原理」が揃って（結ばれて）いてこそ完全であるものが、お互いに一方が欠落したままそれぞれの世界を生んだのであるから、それが「不完全」なものであることは自明である。日月神示はこのことを「一方的」であると説いているのである。

このように捉えれば、「**その後独り神《ひとがみ》となられた夫神が三神をはじめ、いろいろなものをお生みになったのであるが、それが一方的であることは申すまでもないことであろう、妻神も同様、黄泉大神となられて、黄泉国のすべてを生み育て給うたのであるぞ**」の記述はムリなく理解出来るはずだ。

ちなみに「独り神《ひとがみ》となられた夫神が三神をはじめ、いろいろなものをお生みになった」とある部分は、古事記などの日本神話に書かれている話と同じことを指している。「三神」とは「三貴神《さんきしん》」のことで、「アマテラス」、「ツキヨミ」そして「スサノオ」を指しているが、ここで重要なことは、これらの三神（とその他の神）は全て「一方的（不完全）な神」である、ということである。「独り神」から生まれた神は「不完全な神」にしかなり得ないからだ。

●「千引きの岩戸」を共に開ける時が来た

しかし、このように「一方的」で「不完全」な世界が永遠に続いてよい訳がないから、神仕組上はいずれ必ず「完全」な世界に立ち返らなければならない。そのための神仕組が必ず存在しているのである。

つまりこれが「岩戸開き」と呼ばれるものだが、本帖では「**この夫婦神が、時めぐり来て、千引**《ちび》**きの岩戸を開かれて相抱**《あいいだ》**き給う時節来たのであるぞ、嬉**《うれ》**し嬉しの時代となって来たのであるぞ**」という部分に、そのことが如実に示されている。つまりこれは、神が「岩戸開き」の時節が到来したことを宣言している極めて重要な帖文なのである。

『日月神示』が降ろされたのも、「岩戸開き」の時節が到来したからに他ならない。

このように、一度は別れたイザナギとイザナミが「時めぐり来て再び抱き合う」というのは、紛れもなく最も重要な神仕組の一つであって、そのことは最後の「**時来たりなばこの千引きの岩戸を共に開かんと申してあろうがな**」にも表れている。

実は「この千引きの岩戸を共に開く」ことの約束は、「最初の岩戸閉め」の時に既に成されていることを、読者はご存じだろうか？ 第六巻「日月の巻」第四十帖にはそのことがハッキリ書かれているのである。大事な内容なのでしっかりと味わって頂きたい。

ここに伊邪那美命、息吹給いて千引岩《ちびきいわ》を黄泉比良坂に引き塞《そ》えて、その石中にして合い向かい立たしてつつしみ申し給いつらく、うつくしき吾《あ》が汝夫《なせ》の命、時廻《ときめぐ》り来る時あれば、この千引《ちびき》の岩戸共にあけなんと宣り給えり。ここに伊邪那岐命、しかよけむと宣り給いき。

（第六巻「日月の巻」第四十帖）

このピース（帖文）は古文体で書かれているため、現代の我々にとっては少し読み難いものだが、書かれていることの重要性は群を抜いている。この場面はイザナギとイザナミが「千引《ちびき》の岩戸」で塞《ふさ》がれた「黄泉比良坂《よもつひらさか》」の内側と外側で、お互いに会話を交わしている場面である。

まずイザナミがイザナギに対して、「**うつくしき吾《あ》が汝夫《なせ》の命、時廻《ときめぐ》り来る時あれば、この千引《ちびき》の岩戸共にあけなんと宣り給えり**」と述べている。これを口語的に言えば「（イザナミが）愛しい夫よ、やがて時が巡り来ましたならばこの千引の岩戸を共に開けましょうと言った」となる。

これに対してイザナギは「**しかよけむ**」、つまり「それはよいことです」と答えているのである。勿論、こんなことは古事記には書かれておらず、日月神示だけに降ろされているものだ。

このようにイザナギとイザナミの両神は「千引の岩戸」を間にして「将来、この岩戸を共に開けよう」と約束しているのである。

つまりここには「今は岩戸を閉めなければならない理由がある（＝岩戸閉め）」ということと、将来時節が到来したならば「共に岩戸を開こうという約束（＝岩戸開き）」の二つが秘められているのである。

先に「岩戸閉め」が起こったのは偶然か？　必然か？　という話をしたが、ここまで来れば、これが偶然などである訳がなく、神仕組の根幹（つまり「コトの起こり」）を成すものであることがよく分かるはずだ。

●同じ名の神が至る所に現われる

帖文の最後の方にある「**同じ名の神が至るところに現われて来るのざぞ、名は同じでも働きは逆なのであるぞ**」とはどのような意味であろうか？

これを考えるには、この前に「岩戸開きの時節になった」という重大な流れがあるので、このことを前提として読まなければ意味が通じないことに注意が必要である。つまり「岩戸が開ければ同じ名前の神が至る所に現われる」のであるが、「神の名前は同じでもその働きは逆である」と述べているのである。

分かったような分からないような何とも悩ましい書き方であるが、実はこれについては日月神示の他の巻（帖）に同様の内容が降ろされている。解読する上でよい参考になるので、それを採り上げおこう。

> 同じ名の◉二柱《ふたはしら》あるのざぞ、善と悪ざぞ、この見分けなかなかざぞ、神示《ふで》読めば見分けられるように、よく細かにといてあるのざぞ、善と悪、取り違いしていると、くどう気つけてあろうがな、岩戸開く一つの鍵ざぞ、名同じでも裏表ざぞ。裏、表と思うなよ、頭と尻、違うのざぞ。千引《ちびき》の岩戸開けるぞ。
>
> （第十四巻「風の巻」第一帖）

右の帖文には「**同じ名の◉二柱《ふたはしら》あるのざぞ、善と悪ざぞ**」と示されているように、同じ名の神でも「善」と「悪」の両方があると明言されている。「善」と「悪」の本質を理解することは極めて重要であるが、私の著書やメールマガジンを読まれた方方なら、ある程度理解して頂いていると思う。

手短に要点を言えば、「絶対の善」も「絶対の悪」も独立して存在するものではなく、それは「善の御用」、「悪の御用」としての「神の働き」であるということである。

ただ、地上世界に住む我々人間にとっては、自分たちを利するものを「善」と呼び、害するものを「悪」と呼んで区別し、さも「善」と「悪」が別々に存在しているかのように思い込んで来たのである。これを神に当てはめれば「善神」と「悪神」ということになる。

しかし神仕組の面から見れば、「善の御用」と「悪の御用」は同じ神の「表（の働き）」と「裏（の働き）」の関係であって、同じ名の神が別々に独立して存在しているのではない。このことを心底から理解することを、神は「**岩戸開く一つの鍵ざぞ**」と述べているのである。

前述した神示の後半に、「**名同じでも裏表ざぞ。裏、表と思うなよ**」という奇妙な文章があるが、これも「善と悪」の関係と同じことを述べている。「裏表」とは、同じ実体の裏と表ということであって、両者は決して切り離すことが出来ないものである。当然これが正しい神理である。

これに対して「裏、表」とは、「、」で分離されているように、裏は裏、表は表と分離して（別々のものとして）見てしまうことを意味している。いわゆるこれが地上世界の人間の「分離思考」であり「善悪二元論」なのである。

「裏、表と思うなよ」とは、この「善悪二元論」の愚《ぐ》を戒めたものなのだ。

●二つが揃って三つとなるとは？

「最初の岩戸閉め」の帖文で最後に残ったのは「**この二つが揃うて、三つとなるのぞ、三が道ぞと知らせてあろうがな**」であるが、ここは単純な足し算では絶対に理解出来ない部分である。何故なら、表向きは「一＋一＝三」と述べているからである。

これを解くには「**この二つ**」が何を意味しているかを理解しなければならない。「この二つ」とは「**名は同じでも働きは逆なのであるぞ**」を受けているから、「（同じ神の）逆の働き」すなわち「善（の御用）」と「悪（の御用）」を指している。

すると前述の「**この二つが揃うて、三つとなるのぞ**」は、「善（の御用）と悪（の御用）が揃うと三つになる」と言い換えることが出来る。これを図式化すると、「善（の御用）」＋「悪（の御用）」＝X（エックス）のようになるが、「X」の正体が分かれば謎は解ける。

ヒントは「善（の御用）」を掌るものが「丶」であり、「悪（の御用）」を掌るものが「〇」である、ということだ。では両者を足して見よう。次のようになる。

「善の御用（丶）」＋「悪の御用（〇）」＝「⦿（神、神人）」

これが謎解きである。「丶」だけではならず、「〇」だけでもならず、両者が結ばれた「⦿」を入れて「三」であり、これが「道」となるのである。勿論「道」とは、「**善も悪も共に抱き参らせる道**」のことであり、人民にとっては「神人」に成り行く道とも言える。

以上が、「最初の岩戸開き」に関する私の解読解釈である。神話の形式によるイザナギとイザナミの離別の話の裏には、このような途方もない神仕組と神理が秘められていたのである。これが「一ヒネリ」であり「大きなレンズ」ということであろう。

最後に、「最初の岩戸閉め」に込められた神意を短く纏めておこう。

「最初の岩戸閉め」の神意……男性原理と女性原理の分離

【二度目の岩戸閉め】

次の岩戸閉めは天照大神の時ぞ、大神はまだ岩戸の中にましますのぞ、騙《だま》した岩戸からは騙した神がお出ましぞと知らせてあろう。いよいよとなって、マコトの天照大神、天照皇大神、日の大神、揃《そろ》うてお出まし近うなって来たぞ。

●アマテラスの岩戸隠れ

「二度目の岩戸閉め」の場面が日本神話の「アマテラスの岩戸隠れ」がモチーフとなっていることは明らかである。古事記によれば、アマテラスが弟スサノオの乱暴狼藉《ろうぜき》に腹を立て天の岩戸（岩屋戸ともいう）の中に隠れてしまい、世界が真っ暗になってしまった。困り果てた神々が相談して一計を案じ、やっとアマテラスを岩戸の外に出すことに成功するという話になっている。

その一計とは、まず神々が天の岩戸の前に集い、その前で「アメノウズメ」という女神が、逆さに引っ繰り返した樽《たる》の上に乗って裸踊りを始めるのであるが、これがとても面白く可笑しいものだったので、神々は大笑いして盛り上がるのである。

岩戸の外があまりにも騒がしく賑やかであるため、不審に思ったアマテラスが岩戸を少し開けてアメノウズメを呼び、「皆はどうしてこのように騒いでいるのですか?」と問い掛けると、アメノウズメは、「貴神様《あなた》よりもっと偉い神様がお出でになったので皆喜んでいるのです」と嘘をつき、アマテラスの前にサッと鏡を差し出す。

鏡に映った自分の顔を「(自分より)偉い神様」だと勘違いしたアマテラスが、もっとよく見ようと身を乗り出した途端、岩戸の脇に隠れていた力持ちの男神「タヂカラオ」がアマテラスの腕を摑んで強引に岩戸の外に引っ張り出してしまう。

この機を逃さず、別の神が岩戸の前に注連縄《しめなわ》によって結界を張り、アマテラスが再び岩戸の中に戻れないようにしたため、やっと世界は元の明るさを取り戻したという筋書きである。

この話を振り返ってみると、今更ながらまるで子供に聞かせる「おとぎ話」のような他愛もないものに感じられるものだ。しかも高天原《たかあまはら》の神々が、こんな幼稚な騙《だま》し合いを大真面目でやったというのだから、誰も本当のことだなどと思うはずがなく、あくまで「神話」の中のひとつの物語に過ぎないと軽く考えてしまうに違いない。要するに「神話だから何でもあり」と思ってしまうのがオチであろう。

ところが日月神示ではこの話を「（二度目の）岩戸閉め」であると断言しているのだから、とても単なる神話で済ませることは出来ない。是非ともこの謎を解かなければならないのである。

これに関連するが、前述の神話ではアマテラスが「天の岩戸」から出て来ることになっているので、これは「岩戸閉め」ではなく、むしろ「岩戸開き」ではないかと思う者がいるかも知れない。現象面だけを見れば確かにそのようにも思われるが、それは完全に間違っている。ここは霊的な視点で意味を理解しなければならないからである。

●下々《しもじも》の神々が最高神を騙し暴力を振るったことの神意

日月神示がこの神話を「(二度目の)岩戸閉め」であるとしている真の理由は、**「騙《だま》した岩戸からは騙した神がお出ましぞ」**に集約されている。ここが謎解きの最も大きなポイントである。

つまり「騙したこと」が「岩戸閉め」とされたことの本質であって、形式的に天の岩戸が開いたことは何の関係もない。勿論「騙した岩戸」から出て来たアマテラスが本物であるはずがなく、神示にも「(本物の)**大神はまだ岩戸の中にまします**」とあるのは当然である。

では「騙したこと」とは具体的に何か？　ということになるが、これには二つの要素がある。一つは、アメノウズメがアマテラスに「貴神《あなた》様よりもっと偉い神様がお出でになった」と「嘘」をついたことであり、もう一つは、タヂカラオがアマテラスの腕を掴んで強引に外に引きだしたことである。このタヂカラオの行為はアマテラスの意志を無視し「力づくで」外に出したものであるから「暴力」に他ならない。

つまり神示で「騙した岩戸」と示されることの具体的な中身は、神々が最高神アマテラスに「嘘」をつき、さらに「暴力」まで振るったということになるのである。大事なことなのでもう一度言おう。下々《しもじも》の神々が最高神アマテラスに「嘘」をつき、「暴力」を振るったのである。

では、ここで考えてみて欲しい。高天原の神々が一計を案じて「嘘」をつき「暴力」を振るうなどということが有り得るだろうか？　あっていいのだろうか？　しかもその相手は「最高神アマテラス」だというのに！

人間世界の「下剋上《げこくじょう》」ならいざ知らず、まさか高天原の神々がそんなことをする訳がない、と普通は思うはずだ。つまり、神々が「正神（善神）」である限り、こんなことは絶対に起こり得ない。その起こり得ないことが起こったということを合理的に説明するには、高天原の神々が「正神」から「悪神」に変わってしまったと考える以外にないではないか？

私はここに思い至った時、何故これが「二度目の岩戸閉め」なのかを直観的に理解した。

つまりこういうことだ。「嘘」をつくことは、真実を隠して相手を騙し、自分（たち）に都合のよい状態を作ることであるから、これは紛れもなく「我れ善し（＝体主霊従）」に通じる。

また「暴力」とは、相手の意志などお構いなしに「力尽く」で従わせることだから、こちらは明らかに「強い者勝ち（＝力主体霊）」に通じるではないか。

このように「二度目の岩戸閉め」の真実とは、「神々が悪神に堕ちて」しまい、本来の「霊主体従」から「体主霊従（我れ善し）」と「力主体霊（強い者勝ち）」へと変質してしまったことを指しているということなのだ。たかが神話、されど神話ではないか。

最後の部分、「**いよいよとなって、マコトの天照大神、天照皇大神、日の大神、揃《そろ》うてお出まし近うなって来たぞ**」とは、いよいよこの「岩戸」が開くことの宣言であろう。ここでは三体の神がお出ましのように書かれているが、岩戸に隠れたのは「アマテラス」一神だけであるから、これら三つの神名は地上世界の日本においてアマテラスに付けられた御神名ということであろう。「天照大神、天照皇大神、日の大神」は実際に使われている御神名ばかりである。

「二度目の岩戸閉め」の神意……正神から悪神への変質、嘘と暴力による騙し

【三度目の岩戸閉め】

次の岩戸閉めは素盞嗚命《スサナルノミコト》にすべての罪を着せて根《ね》の国に追いやった時であるぞ、素盞鳴命は天ヶ下《あめがした》を治《しろ》しめす御役《おんやく》の神であるぞ。天ヶ下は重きものの積もりて固まりたものであるから罪と見えるのであって、よろずの天の神々が積《つ》もる（という）ツミ（積）をよく理解せずして罪神と誤ってしまったので、これが正しく岩戸閉めであったぞ、命《ミコト》を荒ぶる神なりと申して伝えているなれど、荒ぶる神とは粗暴な神ではないぞ、暴れ廻り、壊し廻る神ではないぞ、アラフル（現生る）神であるぞ、天ヶ下、大国土守り育て給う神であるぞ、取り違いしていて申し訳あるまいがな。このことよく理解出来ねば、今度の大峠は越せんぞ。絶対の御力を発揮し給う、ナギ・ナミ両神が、天ヶ下を治《し》らす御役目を命じられてお生みなされた尊き御神であるぞ。素盞鳴の命《ミコト》にも二通りあるぞ、一神で生み給える御神と、夫婦呼吸を合わせて生み給える御神と二通りあるぞ、間違えてはならんことぞ。

●天の神々が悪神に変質――悪盛んにして天に勝つ

「三度目の岩戸閉め」の主人公として登場するのは「素《ス》盞鳴《サナル》命《ノミコト》」である。この御神名は古事記に登場する「スサノオノミコト」と御神名もその行動もよく似ているため混同し易く、一般の読者は言うに及ばず、日月神示研究者にとっても非常に悩ましく解釈が難しいもののようである。

仮に「スサナル（ノミコト）」と「スサノオ（ノミコト）」が同一神であるのなら、日月神示でわざわざ異なる御神名を使っている理由がよく分からないことになる。この問題については後ほど考察するが、この帖文においては「スサナル」と「スサノオ」は同一神として扱われている、と捉えておいて頂きたい。

さて、私たちが知っている「（古事記の）スサノオ」とは、高天原で暴れまくった粗暴極まりない「荒振る神」として描かれている。まるで、暴力団かヤクザのようなとんでもない神のような扱いだ。

姉のアマテラスは最初は弟スサノオの無茶振りを大目に見ていたものの、遂に忍耐の限度を超えてしまい、怒りに任せて「天の岩戸」に隠れてしまう。罪を問われたスサノオは高天原を追放され、「根の国」に落とされてしまうことになるのである。我々が知っているスサノオはこのような「悪神」として描かれ、それ故に罪神《つみがみ》と位置付けられているのである。

ところが日月神示はこれを全否定し、スサナル（スサノオ）は無実の罪を着せられて追放されたのであって、それが「（三度目の）岩戸閉め」だと断言している。

実はここが重要なのであって、我々が常識的に知っている（認識している）事実を、日月神示が全否定している事実、つまり「逆説」が見られる時はそこに重大な神理や神仕組が秘められていることを想起しなければならない。

このことを帖文では、「**よろずの天の神々が積《つ》もる（という）ツミ（積）をよく理解せずして罪神と誤ってしまった**」と示しているが、ここから読み取れることは、天の神々が善悪の判断が正常に出来なくなってしまった、ということに他ならない。

スサナル（スサノオ）が罪神だというのは勿論間違いであって、本来追放される理由などないことは「**命《ミコト》を荒ぶる神なりと申して伝えているなれど、荒ぶる神とは粗暴な神ではないぞ、暴れ廻り、壊し廻る神ではないぞ、アラフル（現生る）神であるぞ、天ヶ下、大国土守り育て給う神であるぞ**」と示されていることからも明らかである。

ところで、天の神々がよく理解出来なかった「ツミ（積）」が何であるかと言えば、それは「（スサナルが治めていた）**天ヶ下は重きものの積もりて固まりたものであるから罪と見える**」と示されている。「天ヶ下」とはいわゆる「地上世界」のことであるから、ここに存在する全ての物は「物質性」が主であって、波動的には極めて粗い波長と振幅を有していると捉えられる。「ツミ、積もる」とはこのような物質性に対する表現であると考えればよいだろう。逆に言えば、スサナル（スサノオ）はこのような世界を治めていたということでもある。

これに対して天上世界は、地上世界とは反対に「波動性」が主の世界であり、その波長は精妙で振幅も細やかである。よって、この状態が正しいと認識していた天の神々の目には、天ヶ下の世界がいかにも荒々しく粗雑に見えるため、「ツミ（積）」→「罪」と誤って判断をしたということになる。

ちなみに正神が悪神によって追放される話は、大本教団の聖師・出口王仁三郎《でぐちおにさぶろう》が口述した『霊界物語』にも登場している。と言っても『霊界物語』の中で追放されるのはスサノオ（スサナル）ではなく、国祖様（国常立大神）であるから御神名は異なっている。しかしこの二つは、明らかに同一の事象をテーマにしたものだと私は考えている。

勿論、追放されたのはスサナル（スサノオ）一人ではなく、他の多くの「正神」たちも同様に追放された（或いは自ら去った）のは当然のことであろう。「国祖様」も「スサナル（スサノオ）」も、追放された神々のトップであり代表者と捉えればよいのではないか。

なお『霊界物語』では、悪神が正神を追放する状況を称して**「悪盛んにして天に勝つ」**と表現しているが、これは正に言い得て妙である。

さて「二度目の岩戸閉め」では、神々が変質して「体主霊従（我れ善し）」と「力主体霊（強い者勝ち）」の「悪神」に堕ちてしまい、「最高神のアマテラスを騙し暴力を振るう」ことさえ平気でするようになったと述べたが、「三度目の岩戸閉め」ではとうとう正神「スサナル（スサノオ）」が追放されて、神界は悪神の天下になったことが読み取れる。

このように「岩戸閉め」の段階が進むに従って、状況がドンドン悪くなっていくことが大きな特徴なのである。読者は、天の神々が何故「悪神」などに堕ちてしまったのか？ と疑問に思われるだろうが、その謎解きはもう少し先のことになるのでお待ち頂きたい。

ここでは、ひとまず「三度目の岩戸閉め」の神意を短く纏めておこう。

「三度目の岩戸閉め」の神意……悪盛んにして天に勝つ、悪神による正神の追放

●二通りのスサナルの謎

ここまで来たので順番から言えば次は「四度目の岩戸閉め」になるが、「三度目の岩戸閉め」の帖文にはまだ述べていない極めて重要な部分が残っているので、それについても見ておこう。それはスサナルの〝出自〟に関係することである。

帖文の最後に「（スサナルノミコトは）**絶対の御力を発揮し給う、ナギ・ナミ両神が、天ヶ下を治《し》らす御役目を命じられてお生みなされた尊き御神であるぞ。素盞鳴の命《ミコト》にも二通りあるぞ、一神で生み給える御神と、夫婦呼吸を合わせて生み給える御神と二通りあるぞ、間違えてはならんことぞ**」とあるが、ここには古事記に登場するスサノオと根本的に異なる内容が二つも述べられている。

一つは、スサナル（スサノオ）の親が「**ナギ・ナミ両神**」であると明示されていることである。「ナギ・ナミ両神」とは、勿論、イザナギ神とイザナミ神のことである。このことは、スサナル（スサノオ）が「男性原理」と「女性原理」の両方を具備する「完全神」であることを意味している。

反面、古事記に登場するスサノオは「独り神」となったイザナギから生まれているから、それは「男性原理」だけによる「一方的」な神生みであって、スサノオは「不完全な神」なのである（このことは「最初の岩戸閉め」でも説明している）。

そして二つ目はさらに驚くことが書かれている。それは「**スサナルノミコトには二通り**」あって、具体的には「**一神で生み給える御神**」と「**夫婦呼吸を合わせて生み給える御神**」と示されていることだ。

「一神」とは言うまでもなく「独り神」となったイザナギ神のことで、イザナギ神が生んだ御神が古事記に書かれている「スサノオ」に該当する。当然ながらこのスサノオは「一方的」で「不完全」な神である。

これと対比的に「夫婦神」とは、先の「ナギ・ナミ両神」のことであるから、こちらのスサナルは「完全神」として生まれていることになるのである。これは驚愕すべき情報であり、日月神示だけが明かしているものだ。

日月神示はこのように教えているが、これが「スサナル」と「スサノオ」という二通りの御神名が登場しているそもそもの原因なのである。本来の御神名は「スサナル」であるが、古事記には「スサノオ」として登場していることから、日月神示の中にも二つの御神名が混在する結果となったと考えられる。

この問題は日月神示の研究者や読者の頭を大いに悩ませて来たのであるが、五十黙示録第二巻「碧玉之巻《あおたま》」第十帖においてやっとその謎が解かれたことになる。「五十黙示録」は日月神示の中では最後に降ろされたものであるから、神は最後に種明かしをしたことになる。

では「二通りのスサナル」が存在するとして、「一神が生んだスサナル（スサノオ）」と「夫婦神が生んだスサナル」ではどちらが先に生まれたであろうか？

これは言うまでもなく後者の「スサナル」が先に生まれていなければならない。何故なら「夫婦呼吸を合わせて」生んだのであるから、イザナミ神が死んで黄泉国《よみのくに》に入る前のことになるからである。

さてそうすると、である。ここに大きな秘密が垣間見えて来る。それは「夫婦神が生んだスサナル」は、「岩戸閉めが起こる前」に生まれていることに対して、「一神が生んだスサナル（スサノオ）」はイザナギ神が独り神となった時に生んでいるから、「最初の岩戸が閉められた後」に生まれているということから発展的に分かって来ることである。

どういうことかと言えば、「最初の岩戸閉め」を境にしてその前に生まれたスサナルは「完全神」であり、その後に生まれたスサナル（スサノオ）は「不完全神」という構図が見えて来るが、日月神示ではこのことを「二通りのスサナル」と呼んでいることは既に述べた通りである。

では「二通りある」のは「スサナルだけ」なのであろうか？ 他の神、例えばスサナルの姉と兄である「アマテラス」と「ツキヨミ」には「二通り」ないのだろうか？ この答えは日月神示には直接書かれてはいないが、これまで見て来た神仕組や神理を総動員して考えてみれば分かって来ることだ。

私の結論は「アマテラス」や「ツキヨミ」、それに加えて他の多くの神々にも「二通り」ある、というものである。と言うよりはむしろ「二通り」でなければならない。

その理由は単純明瞭である。「二通り」あるのが「スサナル」だけだとしたら、全体の神仕組や神理に照らして、あまりにも不自然かつ不合理だからである。

つまり「岩戸開き」の前に「完全神」としての「スサナル」、「アマテラス」、「ツキヨミ」を始め多くの神々が「イザナギ神」と「イザナミ神」を両親として生まれており、「最初の岩戸閉め」の後に、独り神となった「イザナギ神」が「一方的（不完全）」な「スサノオ」、「アマテラス」、「ツキヨミ」その他の神々を生んだと解されるということである。

この方が、よほどスッキリしているではないか。

そしてこのように捉えることによって、「最初の岩戸閉め」の帖文に出て来た「**同じ名の神が至るところに現われて来るのざぞ、名は同じでも働きは逆なのであるぞ**」の意味が、何の矛盾もなく、極めて明快に説明出来ることが明らかになる。

「完全神」と「不完全神」なのであるから、「名は同じでも働きは逆」であるのは当然の道理である。

このように「二通りある」という「スサナル」の出自を深く考察すると、以上のような神理が見えて来るのである。先に「大きな秘密が垣間見えて来る」と述べたのは、正にこのことである。

【四度目の岩戸閉め】

神武天皇の岩戸閉めは、御自《おんみずか》ら人皇を名乗り給うより他に道なきまでの御動きをなされたからであるぞ。神の世から人の世への移り変わりの事柄を、一応、岩戸に隠して神《カム》倭《ヤマト》伊《イ》波《ハ》礼《レ》琵《ヒ》古《コノ》命《ミコト》として、人皇として立たれたのであるから、大きな岩戸閉めの一つであるぞ。

●岩戸閉めの舞台は神話の世界から現実世界の日本へ

ここから「**四度目の岩戸閉め**」について見て行こう。右の帖文が「四度目の岩戸閉め」に関するものであるが、実はここには「最初の岩戸閉め」から「三度目の岩戸閉め」までとは全く異なるある重大な事実があるのだが、読者はお気付きだろうか？

それは、「四度目の岩戸閉め」の舞台が、「神話」の世界から「（現実の）地上世界の日本」に移っているということである。

簡単にこれまでの流れを復習すると、「最初の岩戸閉め」はイザナギ・イザナミ二神の離別であり、「二度目の岩戸閉め」は騙した岩戸から偽のアマテラスが登場したことであり、そして「三度目の岩戸閉め」はスサナル（スサノオ）の追放であった。

これらは全て古事記にも登場する神々の話であるから、我々には実際にあった話とは思われず、あくまで「神話世界」のコトでしかなかった。つまり我々にとっては、どこか本気になれない話でもあったのである。

ところが今回の「四度目の岩戸閉め」に登場する「**神武天皇**」は、ご承知の通り、日本の初代天皇として即位された人物なのである。つまりこのことは神話などではなく、「（現実の）地上界の日本の歴史」に「岩戸閉めの舞台」が移っているということになる。ここに気付いて頂きたいのだ。

「岩戸閉め」の舞台が「神話」の世界から「（現実の）古代日本」に移っていることの意味は、「岩戸閉め」が「あの世（神界、幽界）」と「この世（顕界つまり地上世界）」の両方において生起しているということになる。

日月神示では「あの世」と「この世」を総称して「三千世界」と呼んでいるが、これは「世の元の大神」様が創造された全ての世界を含んだ概念である。つまり、「岩戸閉め」と「岩戸開き」はこの地上世界だけに限定されたものではなく、「三千世界」全てに関わる途方もない超巨大な神仕組である、ということが分かるのである。

実に「神武天皇」という言葉一つには、神仕組上、これだけの意味が内包されているのである。驚く他ないではないか。

●神の世から人の世への移り変わり

では「四度目の岩戸閉め」に関する帖文の中身を見て行こう。中ほどに「**神の世から人の世への移り変わりの事柄**」とあるが、「四度目の岩戸閉め」ではこの謎解きが焦点である。つまり「神の世から人の世へ移った」とされるその「事柄」が何であるのかが極めて重要なのであるが、これを解くのはさほど困難ではない。

神武天皇は日本の歴史上最初に即位した天皇であるから、日月神示では「(初代)**人皇**」と称している。また「**人の世**」とは「人皇が統治する世」のことであるが、日月神示はこれが「(四度目の)岩戸閉め」だと述べているのだ。

すると「人（人皇）の世」に対する「**神の世**」が何であるかを考えれば、それは当然、地上世界の日本の「岩戸がまだ閉められていない世」のことを指しているのは明瞭である。

では「人の世」を統治するのが「人皇」であるならば、「神の世（であった地上世界）」を統治していたのは誰であったろうか？「神の世」なのだから当然「神」が統治していたというのは間違いではないが、それでは50点止まりである。

正解は「**てんし様**」である。「てんし様」以外にはあり得ない。「てんし様」が統治されていたからこそ地上世界が「神の世」だったのであり、これが「人の世」になってしまったことが「（四度目の）岩戸閉め」ということなのである。

地上世界の日本の統治者が、「神」から「人」に替わったと言っても同じことである。

このように「神の世から人の世への移り変わりの事柄」とは、「てんし様の世」から「人皇の世」に移ったことであって、これこそが「第四の岩戸閉め」に秘められた神意なのである。

●表の「てんし様」から裏の「人皇」へ

では何故「てんし様の世」から「人皇」の世になってしまったのだろうか？　これについては、**「神武天皇の岩戸閉めは、御自《おんみずか》ら人皇を名乗り給うより他に道なきまでの御動きをなされたからであるぞ」**としか書かれていない。しかもその「**御動き**」については「**神の世から人の世への移り変わりの事柄を、一応、岩戸に隠して……**」とあるだけで、具体的な事実には一切言及されていないのである。かなり訳《わけ》ありに感じられる微妙な表現ではないか。

よってここは古代日本の歴史に基づいて推測するしかないが、おそらく神武天皇を立てた勢力は、渡来系の一大勢力であったのではないだろうか？　渡来系の神武勢力が、「てんし様」が統治していた古代の日本に侵入し、力で平定したと考えられる。

古事記や日本書紀では、このことを「出雲系」の神々が「伊勢系」の神々に「国譲り」をしたというストーリーに仕立てて大和王朝の正統性を主張している。「国譲り」は神話の世界の話だが、神武天皇は伊勢系の最高神「アマテラス」直系の天皇とされているから、その権威と権力は高天原の最高神という絶対性によって裏付けられることになる。

こうして「人皇（＝神武天皇）」が立ち、「四度目の岩戸閉め」が完成したのであるが、ここから日本の皇統は「人皇」直系の子孫、それも「男系」によって継がれることになった。これが現在まで伝わる「万世一系」の皇統と言われるものだが、言うまでもなくこれは「人皇」の系譜（つまり血統）による「万世一系」のことである。

ところで日本に渡来した勢力によって「人皇」が立てられたという前提に立つと、日月神示は日本の「皇統」が正統なものではないと述べている、と勘違いする者が必ず出て来る。つまり、神ならぬ「人皇」とその皇統は正統なものではないのだから、日本の天皇が「てんし様」であるはずがなく、真の「てんし様」は天皇とは無関係の全く別の存在であるという理屈を振りかざす者のことである。

特にこれに既存の宗教が絡むと本当にロクなことがない。例えば、「てんし様」とは再臨するイエス・キリストであるなどと、ハナから決めつけてかかってしまうのである。狂信的な宗教者ほどそうなる傾向が強い。

しかし既に述べたように、「五度に亘る岩戸閉め」は偶然起こったものではなく、「世の元の大神様の大計画によるもの」との観点に立てば、全く異なる景色が見えて来るのである。どういうことかと言えば、神武天皇を中心とする勢力のことを単なる「征服者」とか、或いは「悪者」などというレッテルを貼って済む話ではなくなるということだ。

つまり「世の元の大神」様の大計画によって「岩戸」が閉められ、「てんし様」の世から「人皇」の世になったのであるから、両者の関係は「本物」と「偽物」という関係ではなく、先の「二通りの神」と同様、「てんし様」には「表」と「裏」の両面があるということである。勿論「表」は「てんし様」であり、「裏」が「人皇」ということになる。

「四度目の岩戸閉め」の神意……てんし様から人皇への変遷（神界から地上世界への移行）

【五度目の岩戸閉め】

仏教の渡来までは、わずかながらもマコトの神道の光が射していたのであるなれど、仏教と共に仏魔渡り来て、完全に岩戸が閉められて、暗闇の世となったのであるぞ、その後はもう乱れ放題、やり放題の世となったのであるぞ、これが五度目の大きな岩戸閉めであるぞ。

●日本暗黒化の完成

では、いよいよ「五度目の岩戸閉め」に入る。「岩戸閉め」としてはこれが最後の段階である。これに関する帖文は右に示した通り比較的短いものだが、ここにも驚くべき神仕組が秘められているのである。

まず、非常に大事なことを確認しておかなければならない。「五度目の岩戸閉め」については、「**仏教と共に仏魔渡り来て、完全に岩戸が閉められて、暗闇の世となったのであるぞ**」と示されているが、これは何処で起こったことであろうか？　どこか遠い外国の地で起きた出来事だろうか？　それともこの日本であろうか？

答えは言うまでもなく日本である。帖文には「日本」と明記されていないが、「最初の岩戸閉め」からの流れを見れば、「岩戸閉め」が起こった舞台は（神界も地上世界も）この日本以外にはあり得ないことは明白である。全ては日本に関係するものばかりなのだ。

するとここから、極めて重要な結論が見えて来るのだが、お分かりだろうか？　それは、五度に及ぶ「岩戸閉め」の最終目標が「**日本の岩戸を完全に閉めること**」、すなわち徹底した「**日本の暗黒化**」であったということである。

「**仏魔**《ぶつま》」が日本に渡って来たために、「（それまでは）**わずかながらもマコトの神道の光が指していた**」ものが「**暗黒の世**」となり、「**その後はもう乱れ放題、やり放題の世となった**」のであるから、これは正しく「**日本の暗黒化の完成（＝神の光のシャットアウト、悪神による支配の完成）**」という他ないではないか。

日月神示を素直に読む限り、これ以外の結論は成立しない。それにしても「神国である日本が暗黒化される」とは、日月神示という神典はどこまで「逆説」に満ちているのだろうか？　逆説も逆説、途方もない大逆説ではないか。

「日本暗黒化」のために決定的な役割を果たしたのが「仏魔」だとされているが、日月神示はそれが日本に渡って来たことを「五度目の岩戸閉め」であると明確に述べている。

しかしここで間違えてはならないことは、「仏魔」と「仏教」がイコールではないということだ。「仏教と共に仏魔渡り来て」のように、「仏教」と「仏魔」をハッキリと書き分けていることからも明らかなことである。仏教自体は立派な教え（宗教）であるし、開祖・釈迦は大神人であったことは疑う余地がない。

●仏魔による日本暗黒化には誰も気が付かなかった

では、日本を暗黒化した「仏魔」とは何であろうか？　私の解釈では、「仏魔」とは要するに仏教を利用して日本（人）を貶《おとし》め、マコトの神の光を一切シャットアウトした悪神のことであり、またその所業を指していると言ってよいと思う。

具体的には「神道」よりも「仏教」の方が優れていると喧伝《けんでん》し、「本地垂迹説《ほんじすいじゃくせつ》」に見られるように、日本の八百万の神々は仏が化身《けしん》となって日本の地に顕れた権現《ごんげん》であるというような上下逆転、本末転倒に陥ったことを指していると考えればよいだろう。しかもこの「仏教優位」は当時の天皇を筆頭に、上から下まで広く日本全体の隅々にまで広がってしまったのである。

それにしても仏教は何故これほど広く深く日本に浸透し、神道に取って替わることが出来たのだろうか？　学説にも色々あるようだが、まずは「仏教」と「神道」の共通性、親和性がベースとなっていることが挙げられる。

排他性の強い一神教と異なり、神道も仏教も多数の神や仏が登場する多神教（或いは全てのものに神性仏性が宿るとする汎神教）であり、しかも他の宗教に対して極めて寛容であり受容的でもある。

また仏教には個人の悟り、仏の慈悲、衆生の救済といった重要な要素があるので、現世で苦しむ一般の人々が受け入れ易いものであることも見逃せない。このようなことから、日本では「神仏習合」が円滑に進んだとされる。

以上は一般論であるが、完全に「岩戸」が閉められ、「悪神」の支配下に堕ちた「（日本の）支配者」にとっては、仏教が自らの繁栄と権勢強化のために好都合であったことが裏の理由として挙げられるであろう。

仏教はインドで発祥し、中国で大発展し、朝鮮半島を経て日本に伝えられたが、日本から見て当時の中国は世界一の文明国であったから、仏教を導入することは同時に中国の優れた文物、美術、建築、医学など多くの文化や技術などを輸入することにも繋がっていた。

また日本に渡来した仏教の僧侶たちは今のように仏教だけの専門家ではなく、極めて博学多才な学者でもあった。彼らの多くは政治経済に関する知識はもとより、医療や農業、或いは土木、治水などの識能も並はずれていたため、日本の支配者は彼らを優遇して自らのブレーンとし、政事《まつりごと》などへの指導や助言を求めていたのである。

それともう一つ忘れてならないのは、仏教の「法力」による守護、平たく言えば「厄《やく》除け（厄祓い）」を極めて重視していたことが挙げられる。疫病の流行や干ばつ、飢饉、地震などの自然災害はもとより、支配者は戦乱を鎮め国家鎮護のために積極的に仏の法力に頼りこれを利用していたのである。

さらには貴人の「病気平癒」祈願や、平安時代に大流行したと言われる「祟《たた》り」を封じるために、仏の法力に縋《すが》った側面さえあった。日本の神道でも「厄祓い」の祈禱《きとう》は行われていたが、仏の法力が重んじられたのは、日本より遥かに文明国であった中国から伝来した仏教の方が、より根元的で強力な力があると信じられたからであろう。

政治の世界に仏教が浸透する大きなきっかけとなったのは、飛鳥時代の中央豪族であった崇仏派の蘇我《そが》氏が、神道派であった物部《もののべ》氏と激しく勢力争いをした結果、蘇我氏が勝利したことによるものである。

その後、蘇我氏と協力関係にあった聖徳太子は、「篤《あつ》く三宝《さんぽう》（＝仏、法、僧）を敬え」という文言を「十七条憲法」に書き入れるなど、まるで仏教が日本の国教であるかのように崇めていた。

このようにして大和朝廷は、仏教によって全国を宗教思想的に統一しようと計った訳であるが、この狙いは見事に当たり、上は天皇から朝廷の公家貴族、豪族たち、時代が下れば将軍から大名、その家臣、村の庄屋から民・百姓に至るまで仏教の信徒や檀家となって、多くの寺が建立されていった。

仏教が如何に深く浸透したかを示す好例としてよく引き合いに出されるのが、「奈良の大仏」を建立したことで有名な「聖武天皇《しょうむ》」である。彼は八世紀前半の人だが、その当時世界最大の金属製の大仏（＝奈良の大仏）を造らせるために惜しげもなく国家財産をつぎ込み、「朕《ちん》は仏の奴隷である」とまで言ったとされている。聖武天皇はまた、全国に多くの国分寺と国分尼寺を造らせたことでも知られている。俗な言葉で言えば、そこまで仏教に入れ込んでいた訳である。

また後継の天皇に皇位を譲って上皇となった者が、その後出家して法皇《ほうおう》と呼ばれたことも多かった。歴史上有名な法皇としては、白河法皇、鳥羽法皇、後白河法皇などが存在しているが、彼らは皇位を譲った後も実権を握り続け、天皇を差し置いて「院政」を行っていたことはよく知られている。

これなどは神道の最高神アマテラスの直系とされる「天皇」の上に、「(出家した)法皇」が君臨しているのであるから、形の上でも「神より仏が上」になっていることがよく分かる例でもある。

このように、仏教は上から下に水が流れるように日本の隅々にまで浸透したのだが、一方において一部の僧侶たちの堕落は目に余るものがあった。真面目に仏の道に精進すべき者が武装した僧兵となって、武力を背景に政治的な要求を突き付けたり、信仰などそっちのけで俗世に塗《まみ》れ切った破戒僧すらも多く存在していたのである。

織田信長が比叡山を焼き討ちして多くの僧兵・僧侶を殺した事件は、彼の残忍な性格を示す好例としてよく取り上げられるが、いくら信長でも何の理由もなく勝手に焼いたり殺したりするはずがない。焼き討ちするにはそれだけの理由があったはずで、おそらくそれは仏の道を踏み外した僧侶(と寺)は百害あって一利なしという彼なりの判断があってのことだろう。堕落した僧侶は、天下布武を目指す信長にとって排除すべき敵のひとつに過ぎなかったのだと思われる。

以上、少し長い説明になったが、日本に「仏教」が浸透した理由とその流れを具体的に見て来た。さてこの中に、「仏魔」による「日本の暗黒化」があるはずだが、おそらく読者の誰もがピンと来ないのではないだろうか？「それの何処が仏魔なのだ？」と思われるに違いない。

それは当然のことだ。私がここまで説明して来たことは特殊なケースでも何でもなく、ほとんど学校で習うようなものばかりであって、日本への仏教の伝来と浸透はごく自然なこととして受け入れられている。よって、疑問らしい疑問など湧くはずがないのである。

実はこのように、「疑問を持たずに受け入れさせる」ことが「仏魔」の仏魔たる所以《ゆえん》と言ってよい。是非ここに気付いて頂きたいと思う。前述の神示には、「仏教の渡来までは、わずかながらもマコトの神道の光が射していた」とあるが、その「わずかなマコトの神道の光」が、「仏教と共に渡って来た仏魔」によって、「完全に岩戸が閉められて暗黒の世となった」ために、誰もこのことに気付かず、何の疑問も持たなかったからこそ「仏魔（の仕業）」だと言えるのである。

「仏魔」を端的に表現すれば、「仏教を利用した悪神の仕組」とでも言えるだろうが、悪神の仕組とは「(その仕組について)誰にも疑問を持たせない」こと、或いは「(それが)悪いことだとは思わせない(むしろ善いこと、自然なことだと思い込ませる)」ことが肝心要《かんじんかなめ》のことである。人々が首を傾《かし》げるようでは、「仏魔(という悪神の仕組)」であることがバレてしまうからだ。

●日本が暗黒化されなければならなかった理由

それにしても、何故日本が「暗黒化」されなければならなかったのであろうか? これは根源的な疑問であり、是非ともこの謎を解かなければならないが、私が考えるその答えは実にシンプルである。

日本が暗黒化されなければならなかった理由、それは日本が「**神の国**」であるからだ。「神の国」とは世界の「霊的中心」であり、世界が新しい世界(＝ミロクの世)へと次元上昇する際には、すべての外国に先んじてそのための使命を果たさなければならない。

神の仕組では、新しい世界に次元昇する準備段階として、最初に「岩戸」が閉められて「悪の御用」が発動し、日本を始め世界全体が必ず混沌の極致に落とし込まれるが、それによって新しい「善」を生むための「力」が発現することになる。

つまり「悪の御用」によって「新たな善」が生まれるというのが次元上昇における神仕組なのであって、日本にはその先頭を走らなければならない重大な使命があるのだ。

より善くなるために「悪の御用」に落ちる、この凄まじいまでの逆説が神仕組の真骨頂なのである。

「五度目の岩戸閉め」の神意……「仏魔」の襲来と神国日本の暗黒化の完成

〈岩戸閉めは、因果関係で結ばれる一連のストーリー〉

ここまで「五度の岩戸閉め」の個々について詳しく見て来たので大分謎が解けて来たが、しかし本当の謎解きはこれからが本番である。ここからは、個々の「岩戸閉め」を総括して俯瞰的に考察しなければならないので、まずは五度あった「岩戸閉め」を順に並べて、その内容およびそこに込められている神意を整理しておこう。

〈岩戸閉めの順序〉		〈岩戸閉めの内容〉		〈岩戸閉めの神意〉
◎最初の岩戸閉め	↓	イザナギ神、イザナミ神の離別	↓	男性原理と女性原理の分離
◎二度目の岩戸閉め	↓	神々の嘘と暴力による騙し	↓	神々の悪神への変質
◎三度目の岩戸閉め	↓	悪神による正神スサナルの追放	↓	悪神による神界の統一
◎四度目の岩戸閉め	↓	てんし様の追放と人皇の即位	↓	悪神による神国日本の支配
◎五度目の岩戸閉め	↓	仏魔による神の光遮断	↓	神国日本の暗黒化完成

右のうち「岩戸閉めの順序」と「岩戸閉めの内容」は日月神示に書かれていることを纏めただけであるが、最後の「岩戸閉めの神意」は個々の岩戸閉めに込められた「神意」を解いたものであるから、さらなる考察のためにはこの「神意」が最も大事になって来る。

何故大事なのかと言えば、実はこれらを順番に並べて観察すれば、流れのある一連の「ストーリー」が浮かび上がって来るからである。早速順番に従って並べて見よう。

1　男性原理と女性原理の分離

↓

2　神々の悪神への変質

3　悪神による神界の統一　←

4　悪神による神国日本の支配　←

5　神国日本の暗黒化完成　←

右のようになるが、1から5までの順番をよく観察すると、そこには「因果関係による一連の流れ」が潜んでいることに気が付くはずだ。具体的には次のようなことである。

◎まず1では、元々「⦿」として統合一体化し、完全であった神々の世界が、「男性原理（ヽ）」と「女性原理（○）」に分離してしまったため、神々の世界が「一方的」で不完全な世界になってしまった。これが全ての原因、つまり「コトの起こり」である。

←

◎一方的で不完全な世界になってしまったため、神々も無自覚のうちに「体主霊従（＝我れ善し）」、「力主体霊（＝強い者勝ち）」の性来に変質してしまった（2）。

←

◎「体主霊従」、「力主体霊」に堕ちて悪神に変質した神々にとって、まだ残っているスサナルたち正神は邪魔で仕方がなかったため、彼らを罪神に仕立てて神界から追放した。こうして神界・幽界は悪神の天下となった（3）。

←

（ここまでは、神々の世界のことであるが、この後、場面は地上世界の「日本」に移る）

←

◎神界、幽界が悪神の支配下になったことが地上世界の日本に移写して、それまでの「てんし様」による統治から「人皇（神武天皇）」による支配へと大転換が起こり、神国日本も悪神の支配下に入ってしまった（4）。

←

◎それでも日本には僅かながらもマコトの神の光が射していたが、仏教と共に渡って来た「仏魔」によって最後の岩戸が閉められてしまい、ここに日本の暗黒化が完成した（5）。

如何であろうか？「五度に亘る岩戸閉め」を個別バラバラに見ただけでは、相互の関連性を見出すことは出来ないが、それぞれの岩戸閉めに込められた神意を「1」から「5」の順序に従って総覧すれば、そこには**「明らかな因果関係で結ばれる一連の流れ（ストーリー）」**が見えて来るのである。

「因果関係で結ばれる一連の流れ（ストーリー）」とは、要するに「神仕組の筋書き」に相当するものである。一見するとバラバラにしか見えない「岩戸閉め」には、このようにチャンとした「筋書き」があったのである。

不肖私はこの一連の流れ（ストーリー）に気付いた時、全身に電流が走ったことを思い出す。これは「分かった、解けた」という私なりのサインなのである。

さてここで最も重要なポイントは、「1」から「5」までの流れが行き着いた先が**「神国日本の暗黒化」**であったということである。端的に申せば「日本の暗黒化」が五度に亘る「岩戸閉め」の最終目的であったとも言える。

宜しいだろうか？　大事なことなので何度でも繰り返すが、一見バラバラにしか見えない「五度に亘る岩戸閉め」は、結局のところ、日本を悪神の支配下に落とし込んで、神の光が全く射し込まない「暗黒の世」にすることが目的だったということなのだ。

その淵源、つまり「コトの起こり」が「1」の「男性原理」と「女性原理」の分離であったことは明々白々であって、それを神話によって象徴的に表しているのがイザナギ神とイザナミ神が黄泉比良坂《よもつひらさか》で離別するという話なのである。

ここまで来ればどんなに疑り深い者でも、よもやこのような神意が込められている「五度の岩戸閉め」が単なる「偶然」によって引き起こされたとは言わないと思うがどうであろうか？前にも述べたように、「岩戸閉め」が偶然によるものならば、「岩戸開き」も偶然に任せてほったらかしておけばよいのである。国常立大神が日月神示を降ろして、やれ「岩戸開きだ」、「立て替えの大峠だ」、「臣民は身魂を磨け」、「メグリを取れ」などと大騒ぎする必然性は何処にもない。

それにしても「世の元の大神」様は、如何なる御意図を持って五度に亘る「岩戸閉め」を仕組まれたのであろうか？

私の解き方では、それは神・幽・顕「三千世界」すべてを大改革し、新しい世界（＝我々人間にとっては「ミロクの世」）を到来させるために、その主役となる「日本」の岩戸を閉め、一旦は混沌とした暗黒の世界に落とし込んで、そこから新世界に移行するための「力」を発動させるためである、ということになる。

何度も述べているが、ここに「悪の御用」の真骨頂があり、「悪神」の存在意義があるのである。誠に恐るべき大神策・大計画であるが、このように捉えてこそ「岩戸閉め」の根元的な意義が明らかになる。その中で中心的な役割を果たすのが日本であるからこそ、「神の国」と呼ばれていることも頷けるというものだ。

〈五度の岩戸閉めを一度に開くとは？〉

前節までの考察で「岩戸閉め」について重要なことはほぼ述べ終えたので、今度は閉められた「岩戸」を開くこと、つまり「岩戸開き」について根本的なことを述べておきたい。

「世の元の大神」様の御神策によって発動した「岩戸閉め」であるが、一度閉められた「岩戸」はそれが開かなければ新しい世界（＝ミロクの世）は到来しないことは自明である。

では「岩戸開き」を行うのは誰かと言えば、地上世界に関しては国祖様（＝国常立大神）であることは間違いないが、その根本には「世の元の大神」様の御神策があることは当然である。

では「世の元の大神」様は、どのような御神策によって「岩戸開き」を成されようとしているのだろうか？「岩戸閉め」は五度に亘って生起しているが、これと同じように「岩戸開き」も五度起こるのであろうか？

ここで「岩戸開き」に関して、「碧玉之巻《あおたま》」第九帖に非常に奇妙なことが書かれていたことを思い出して頂きたい。次のものだ。

今度の岩戸開きは五度の岩戸閉めを一度に開くのであるから、人民にはなかなかに理解出来んことに折り重なってくるから、何事も神の申すとおりハイハイと素直に聞くのが一等であるぞ。

（五十黙示録第二巻「碧玉之巻《あおたま》」第九帖）

右の神示の冒頭に「**今度の岩戸開きは五度の岩戸閉めを一度に開く**」と明記されているが、この謎を解くには「岩戸閉め」の神意が分からなければならなかったので、説明を先延ばしにしておいたものである。

誰が見ても明らかなように、ここにはハッキリと「一度に開く」と書かれている。「五度開く」ではない。

このように一見して矛盾だと感じられる箇所には、大いなる密意が秘められているのが常であって、この神示もその例に漏れないものである。「最初の岩戸閉め」の帖文に「**一ヒネリしてある**」とか「**天と地の間に大きなレンズがあると思え**」のように示されていたが、正にこのことなのである。

実はこの謎を解くヒントは既に「岩戸閉め」の説明で述べているが、お気付きだろうか？ それは、「第一から第五までの岩戸閉めは一見バラバラのように見えるが、実は**連続した因果関係で結ばれる一連の流れ（ストーリー）**であった」ということである。

どういうことかと言えば、五度に亘る「岩戸閉め」の最初は「男性原理と女性原理の分離」であり、これが全ての発端（コトの起こり）となって「五度の岩戸閉め」という結果に結びついたのであるから、「岩戸」を開けるためにはその「逆」のことをやればよいのである。

つまり「岩戸開き」を始めるには、分離した「男性原理」と「女性原理」が再び結ばれればよいのだ。両者が結ばれれば、それによって「岩戸閉め」とは逆の連続した因果関係が生じ、閉じられた「岩戸」が連続的に開かれていくことになるからである。
具体的には次のようになる。

ア　男性原理と女性原理の再結統合
イ　神々が悪神から正神へと元返り←
ウ　正神による神界統一←
エ　神国日本に神の光が射し込み復活←
オ　霊的中心としての神国日本の成就←

右をご覧になれば、「岩戸閉め」と正反対の因果関係によって、全ての「岩戸」が順次開かれて行く流れが明らかであろう。つまり「岩戸閉め」も「岩戸開き」もバラバラなものではなく、どちらも「因果関係で結ばれた一連の流れ（ストーリー）」として捉えなければならないのである。これこそが「世の元の大神」様の「秘策」と言えるものであろう。

「一度に開く」とは「ア」～「オ」までのプロセスが、それぞれ単独に開かれて行くのではなく、初めの「ア」が開かれればあとは因果関係の流れに従って、最後の「オ」まで到達するということなのである。

具体的には「ア」で「男性原理と女性原理が再結統合」されれば、これが原因となって、「イ」の「神々が悪神から正神へと元返り」するという結果を生じ、次にはこの「イ」が原因となって、「ウ」の「正神による神界統一」という結果が生じ……という流れになる。

「一度に開く」とはこのように解されるが、実はこのような「因果関係」による一連の流れを想定する限り、「岩戸閉め」についても「一度に閉める」という言い方が出来ることに注意して頂きたい。つまり「五度の岩戸閉め」は「**五つの岩戸を一度に閉める**」と言うことも出来るということだ。

何故なら前節で述べた「五度に亘る岩戸閉め」も「1」～「5」までのプロセスを経ており、最初の「1男性原理と女性原理の分離」が原因となって「2神々の悪神への変質」という結果が生じ、次はこれが原因となって「3悪神による神界統一」という結果が生じ……という具合に、次々に連鎖して行くのであるから、「岩戸閉め」の場合も「五つの岩戸を一度に閉める」と言っても決して間違いではないからである。

このように、「岩戸閉め」も「岩戸開き」もどちらも「一度に閉める」「一度に開く」と言えるのであるが、それなら神は何故「岩戸閉め」は「五度あった」と説き、対する「岩戸開き」は「一度に開く」という言い方をされたのであろうか？

これに関するハッキリした理由や説明は、日月神示には書かれていない。ただ前述のように「一ヒネリしてある」と示され、また「天と地の間に大きなレンズがあると思え」と指示されているのであるから、その意味を自分なりに推測して見たい。

「岩戸閉め」が「五度」に分けて書かれている理由は、「岩戸閉め」の個々の段階を人民に示すことによって、そこに秘められた神仕組や神意を考えさせる（或いは理解させる）意図があったからではないかと思われる、

「五つの岩戸閉めが一度で成就した」のように一括りした形で示されたのでは、我々が「岩戸

閉め」の何たるかを具体的に知る術《すべ》が全くないからだ。「五度」に分けてそれぞれを説いているからこそ、神意に迫るためのヒントを得ることが出来るのである。

また「岩戸を一度に開く」と示されたことの理由は、「岩戸閉め」と「岩戸開き」のどちらのプロセスも「因果関係による一連の流れ（ストーリー）」であることを教える為であったと考えれば納得出来る。

つまり「コトの起こりとなる最初の一撃（＝「男性原理」と「女性原理」の分離、および両者の再結統合）」が加えられれば、あとは文字通り「因果関係」の流れに従って、「一度」に閉まり、「一度」に開くということが自然に理解されるからだ。

これが「一ヒネリしてある」ことの意味だと思うが、如何であろうか？

なおここで、少し補足説明をしておきたいことがある。日月神示には確かに「一度に開く」と書いてあるが、この「一度」に惑《まど》わされて、「（全ての岩戸が）瞬間的に同時に開く」と思い込むことのないように注意して欲しい。

「時間」という絶対的な尺度に支配されている地上世界においては、全ての「岩戸」が開くためにはそれなりの時間（期間）が必要であることは当然なのである。

また「開く」という言葉からは、直ぐにでも明るい未来がやって来る（＝ミロクの世が成就する）ような期待を持ってしまい勝ちだが、これもそうではない。

何故なら全ての人間は悪神による「悪の御用」に掛かっているため、これまで積みに積んで来た巨大な「メグリ」を抱えており、それを清算しなければならないからである。無条件で「メグリ」がチャラになることは絶対にないのだ。


従って誰でも一度や二度は、地獄の底に落ちるような厳しい試練（＝メグリ取り）が来ることを覚悟しなければならず、これを克服するために人生の全てをかける努力と精進が絶対に必要であることを忘れないで頂きたい。

神が日月神示全編を通じて、くどいほど「身魂を磨け」と述べていることの意味は、正しくここにある。

第十一帖

宇宙のすべてが高天原《たかあまはら》であるぞ。天照大神は高天原を治《しら》し、また高天原を御《しら》し、また高天原を知らす御役《おんやく》、月読《つきよみ》大神は天照大神と並びて天のことを知らし、またあほうなはらの汐《しお》の八百路《やほじ》を治し、また夜の食《お》す国を知らす御役、素盞鳴の大神はあほうなはらを治し、また滄海之原《あなうみのはら》を御《しら》し、また、天ケ下《あめがした》を知《し》らす御役であるぞ。

〈考察〉

●宇宙のすべてが高天原《たかあまはら》であることの意味

冒頭に「**宇宙のすべてが高天原《たかあまはら》であるぞ**」とあるが、この意味は何であろうか？　本帖のキーワードは「高天原」であるようだ。

我々が常識的に認識している「高天原」とは、「『古事記』に含まれる日本神話や祝詞において、天照大御神を主宰神とした天津神が住んでいるとされる場所のこと」（Wikipedia）である。

要するに日本神話に登場する神々が住む場所のことであり、他の宗教で言う天国とか浄土などに相当するものと考えてよいだろう。

高天原は天上の世界であるが、これとは反対の「地中」にある世界が「根の国（黄泉国《よみのくに》）」とされ、両者の間にある世界が「葦原中国《あしはらのなかつくに》」であって、人間はここに住んでいるとされている。このように古事記の世界観は「上、中、下」の三段構造になっており、「高天原」はその最も高い位置にある。平たく言えば「三段ピラミッド」の上段のようなイメージである。

しかし、このような「高天原」を想定して「宇宙のすべてが高天原《たかあまはら》であるぞ」を読んだのでは、スッと意味が通らないことは明らかだ。そこで私は「宇宙のすべてが高天原である」とはピラミッド型の三段構造ではなく、むしろ「円」や「球体」のように全てが円満であり、調和された世界だと捉えている。よって同じ「高天原」でも、我々の認識と日月神示では意味合いが全く異なることになる。

では日月神示は「高天原」にどんな意味を持たせているのか他の神示を見てみよう。

1　今のうちに神示じっくりと読んで肚に入れて、高天原《たかあまはら》となっておりて下されよ。

（第十三巻「雨の巻」第十二帖）

2　地に高天原が出来るのざぞ、天の⦿、地に降りなされ、地の⦿と御一体と成りなされ、大日月の⦿と現われなさる日となったぞ、結構であるぞ

（第二十三巻「海の巻」第十二帖）

3　高天原、おのころに神祇《かみ》つまります、すめむつカムロギ、カムロミのミコトもちて

（五十黙示録　五葉《ごよう》之巻　補巻「紫金《しきん》之巻」第一帖）

右の3例が日月神示に登場する「高天原」である。

「1」は臣民に宛てたものであるが、「**神示をじっくりと読んで肚に入れる**」ことによって「高天原」になれ、というのだから、「高天原」とは「日月神示に降ろされている神仕組や神理が具現されている世界」のような意味になる。

「2」では「**地に高天原が出来る**」とあって、それは「**天の⦿**」と「**地の⦿**」が一体となって「**大日月の⦿**」となることだとある。従って「天と地が結んだ姿」が「高天原」だということ

である。

「3」は日月神示に示された「大祓詞《おおはらえことば》」の冒頭の一節である。「**高天原、おのころに神祇《かみ》つまります**」とは、「天（高天原）にも地（おのころ）にも等しく神々が存在している」という意味であって、ここでも「天と地の結び」が謳《うた》われている。

ちなみに神道の「大祓詞」の冒頭は、「高天原に神つまります……」となっていて、「天（高天原）の神々（つまり天津神）」だけが特出しで扱われている。高天原の下の世界（中津国）にも「国津神」は存在するが、完全に天津神の下位におかれているのである。

つまり「天」は「上」であり、「地」はその「下」であるという上下構造を前提としているのが神道の「大祓詞」である。日月神示とは真逆であることがよく分かる。

以上のことから、日月神示が述べる「高天原」とは、先に述べた通り、「円や球体のように全てが円満であり調和された世界」と言うことが出来る。また「円」と「球体」には必ず「中心」があり、それは神仕組では「ヽ」のことであるから、結局「高天原」は神文字「☉」で表されることが明らかである。

これが「**宇宙のすべてが高天原《たかあまはら》であるぞ**」の神意であると考えられる。

なおここでいう「宇宙」とは、人間の科学が対象としている三次元の宇宙空間（とその中の物質）だけではなく、神界、幽界、顕界を含むいわゆる「三千世界」のことと捉えなければならない。

ところで宇宙のすべてが調和した世界であるとか、神文字「⦿」で表される世界などと言えば、「混乱と混沌の渦の中にあるこの地球（地上世界）はそうではない」と反論する向きもあるだろう。確かに、地上世界だけを切り取って見ればそのように見えるが、神の視点はそんな矮小《わいしょう》なものではなく「三千世界」の全てであることに思いを致して欲しい。

「宇宙のすべて（三千世界）」は、何も動きのない静的な世界ではなく、常に歓喜と弥栄に満たされた動的世界であり、しかもそれは、一時も止まることなく自ら進化し続けているのである。地上世界の混乱やゴタゴタは、「進化」のための新たな「力」を生むための「仕組」であって、そのために働く「悪の御用」によるものである。

以上、ここまでが「**宇宙のすべては高天原**」に関する考察である。

●三貴神の役割分担

次に本帖では「天照大神（以下「アマテラス」）、**月読大神**（以下「ツキヨミ」）、**素盞嗚の大神**（以下「スサナル」）」の三貴神が登場し、それぞれの「**御役**」が示されている。いずれも「しらす（御す、知らす、治す）」ことが役割とされているが、分かり易く纏めれば次のようになる。

・アマテラスがしらす世界　↓　高天原、高天原、高天原
・ツキヨミがしらす世界　↓　天（高天原）、あほうなはらの汐《しお》の八百路《やほじ》、夜の食《お》す国
・スサナルがしらす世界　↓　あほうなはら、滄海之原《あおうなのはら》、天ヶ下《あめがした》

このようにアマテラス、ツキヨミ、スサナルの三神は、それぞれ「三つの世界」をしらすことが役目とされているが、これは三千世界を「神、幽、顕」に区分した場合の担当する場所を示していると考えられる。

この観点で見れば、例えばアマテラスがしらす場所は、「神界の高天原」、「幽界の高天原」、

それに「顕界（地上世界）の高天原」ということになる。同様にツキヨミは「神界の天（高天原）」、「幽界のあほうなはらの汐《しお》の八百路《やほじ》」、「顕界の夜の食《お》す国」であり、スサナルは「神界のあほうなはら」、「滄海之原《あおうなのはら》」、そして「顕界の天ヶ下《あめがした》」をしらすということになる。

一応このように考えられるが、現状、これ以上詳しいことは分からない。例えば「高天原」は三箇所も登場しているのに、「夜の食《おく》す国」と「天ヶ下《あめがした》」が一箇所ずつしかないことの理由は判然としないのである。今後の課題である。

注：なお「宇宙のすべてが高天原であるぞ」と示されているのに対し、更に「高天原、あほうなはら、夜の食《お》す国、天ヶ下《あめがした》」など細分化された世界の中にも「高天原」があるため、非常に分かり難く混乱し易い示し方となっている。ここでは「高天原」という言葉には二つの意味、つまり宇宙すべての基本構造が「⦿」であることを示している場合と、神、幽、顕に細分化された世界の名称の一つとして用いられている場合があることを押さえておく必要がある。

次に「しらす」に「御す、知らす、治す」という三種類の漢字が当てられているのは、第四帖の記述と酷似している。ちなみに第四帖には次のように示されている。

真の懺悔《ざんげ》は正法をおさむることであるぞ、掃除することであるぞ。まず御《おさ》め、次に治《おさ》め、次に知《おさ》めねばならんぞ、素盞鳴《スサナル》の大神はまず滄海原《あおうなはら》を御め給い、さらに蒼海之原《あおうなのはら》を治め給い、次に天ヶ下《あめがした》を知め給うたのであるぞ。素盞鳴の大神が悪神とうつるのは悪がそなたの中にあるからであるぞ。

（五十黙示録第二巻「碧玉《あおたま》之巻」第四帖）

右の第四帖の「おさめる」には「**御める、治める、知める**」の漢字が当てられているが、本帖（第十一帖）の「しらす（御す、知らす、治す）」にも同じ漢字が当てられているから、両者の意味は同じであると捉えておきたい所だ。

ところが、である。実は、両者をよく見ると「不可解な不一致」があることに気付く。これについて具体的に確認するために、両方の帖文から「スサナル」の例を拾い出して比較して見よう。当てられている漢字の違いに注意してご覧頂きたい。

〈第四帖の場合〉

スサナルがおさめる世界　→　滄海原《あおうなはら》を御める

↓蒼海《あおうな》之《の》原《はら》を治める
↓天《あめ》ヶ《が》下《した》を知める

〈本帖（第十一帖）の場合〉
スサナルがしらす世界
↓あほうなはらを治す
↓滄海《あおうな》之《の》原《はら》を御す
↓天《あめ》ヶ《が》下《した》を知らす

右において、スサナルがおさめる（しらす）世界はどちらも同じであるが、当てられている漢字には全く一貫性がないのである。スサナルの「おさめる」は「**御**↓**治**↓**知**」の順であるが、「しらす」は「**治**↓**御**↓**知**」となっていて、漢字の順序が異なっている。

また同じ十一帖においても、「アマテラス」の「しらす」は「**治**↓**御**↓**知**」の順であるのに対し、「ツキヨミ」の場合は「**知**↓**治**↓**知**」であって、これもバラバラである。

このように子細に見ると、三貴神の「おさめる」と「しらす」に当てられた漢字の順がバラバラで全く一貫性がないことに気が付くのである。

私は第四帖に登場するスサナルの「おさめる」の順序が「御→治→知」となっていることが正しい（＝神理に適っている）と考えているので、本帖（第十一帖）の「しらす」に当てられる漢字もこれと同じ順序であれば何の問題もないのだが、前述の通りバラバラであるのが実態だ。

正直な所、私にもこれを合理的に説明出来る材料はない。

むしろ、この不統一で一貫性を欠いた「しらす」の漢字の順序には特段の意味はないと考えた方がよほどスッキリする。つまり、単に一般的な「治める」とか「統治する」の意味で使っていると捉える訳である。とは言え、現に「御す、治す、知す」の使い分けがある以上、そのように断定することも出来ないことが歯がゆいと言えば歯がゆい限りだ。

ひょっとすると、岡本天明が翻訳・編集する際に、うっかりして第四帖とは異なる順序で漢字を当てたのかも知れないと考えたくもなる。何れにしろ、これ以上のことは分からないのが現状である。

最後に付言すべきは、アマテラス、ツキヨミ、スサナルの「神格」に関することである。

読者は第十帖に「**二通りのスサナル**」が存在している旨の記述があったことを覚えておられ

るだろう。「夫婦神から生まれた完全神としてのスサナル」と「独り神から生まれた不完全な神としてのスサナル（スサノオ）」の二通りである。

では本帖に登場する三神は「完全神」であろうか？　それとも「不完全神」であろうか？という問題である。

古事記などの日本神話では、この三神は「イザナギ神」が「独り神」となってから生んだ神であるとされているが、第十帖で「二通りのスサナル」が登場した際、アマテラスとツキヨミについても「二通り」あると結論付けたことを想起して頂きたい。要するにこれらの三神も「完全神」と「不完全神」の二通りある、ということなのだ。

この前提に立てば、本帖に登場する三神は紛れもなく「完全な神」であるし、そうでなければならない。何故なら、不完全な神が「宇宙のすべてが高天原」と言われる三千世界を「しらす」ことなど出来る訳がないからである。

第十二帖

捧げるもの、与えるものは、いくらでも無限にあるではないか、捧げよ捧げよ、与えよ与えよ、言《ことば》こそは誰もが持てる其《そ》の捧げものであるぞ、与えても与えても無くならんマコトの宝であるぞ。

〈考察〉

本帖は「**捧げるもの**」と「**与えるもの**」は「**いくらでも無限にある**」と教えているが、我々の常識からすれば、「いくらでも無限にある」とはさすがに言い過ぎだろうと思うのではないだろうか？

そのように思う原因は、我々の頭が「物質的思考」に凝《こ》り固《かた》まっているからに他ならない。

これに対して神は、「物質」ではなく「言《ことば》」を与えよと教えている。「**言《ことば》こそは誰もが持てる捧げもの**」であって、「**与えても与えても無くならないマコトの宝**」であるからだ。このように「捧げるもの、与えるもの」が、非物質である「言《ことば》」であれば、「なるほど、そうか」と納得が行くであろうが、コトはそんなに単純ではない。それだけで納得してもらっては困るのだ。何故なら「言《ことば》」は単に口から出るコトバではなく「マコトの宝」でなければならないからである。「マコト」が何であるかを理解していなければ何にもならないということだ。

では臣民にとっての「マコト」とは何か？ ということになるが、それについては次の神示が最もよいヒントになる。

口と心と行《おこない》と、三つ揃うたまことを命《みこと》というぞ。神の臣民みな命になる身魂、掃除身魂結構。

（第一巻「上つ巻」第一帖）

右の神示は日月神示の初発、つまり第一巻「上つ巻」第一帖において示されたものである。「**神の臣民**」はみな「**命《みこと》になる身魂**」であると示されているが、その「命《みこと》」とは「**口と心と行《おこない》の三つが揃ったまこと**」だと示されている。

つまり「三つのまこと」が揃っているから「みこと」なのであり、それを具備している臣民が「命《みこと》」と呼ばれる存在である。そして「まこと」とは神の道に適うことであって、日本神道では古来このことを「惟神《かんながら》の道《みち》」と呼んで来た（「随神の道」とも書く）。

本帖では「言《ことば》」を「マコトの宝」とも称しているが、これは先の「口と心と行《おこない》」の「口」に相当するものであるから、「言《ことば》（つまり口）」と同時に「心」と「行《おこない》」もマコトでなければならないのは自明の理である。「口（言）」だけがマコトであることは有り得ず、必ず「口と心と行《おこない》」の三つがセットであることを肝に銘じて頂きたい。

ここでは、「捧げるもの、与えるもの」がいくらでも無限にある例として、非物質である「言《ことば》」によって説かれているが、実は有限な物質であっても「ミロクの世」ではいくらでも捧げたり与えたりすることが出来るのである。

その肝《きも》は、「ミロクの世」では「所有」の概念がなくなり、従って私有財産というものもなくなるからである。敢えて「所有」と言うならば、全てのものは神たる「てんし様」のものであり、人民が働いて得たものの全ては歓喜のうちに「てんし様」に捧げられるのである。勿論、「てんし様」がそれらを倉に入れて独占することはない。

「てんし様」は人民の全員が最も幸福になるように、捧げられたものを与えて下さるのであり、そこには出し惜しみなど微塵もない。つまり物質の量は有限であっても、それらが最も効率よく、しかも公平に、そして常に「循環」するのが「ミロクの世」のシステムなのである。

このように「ミロクの世」では、有限なモノであっても「捧げられ」→「与えられ」→「循環する」ので、実質的に「いくらでも無限にある」と言うことが出来るのである。

付言すれば、このような理念に基づく「経済システム」は、地上世界の「共産主義（者）」が理想としていることとほとんど同じであると言ってよい。逆に見れば「ミロクの世」の経済システムは「共産主義」のカタチに酷似しているとも言える。

しかし地上世界の「共産主義」はその理想とは裏腹に、全く機能しないばかりか、それ以上に汚職と腐敗が常態化しているのが現実だ。

では何故「ミロクの世」では「共産主義」と酷似している経済が成立するのだろうか？

その答えは「地上世界」と「ミロクの世」では、「住人の何か」が決定的に異なっているからである。

こう言えばお分かりだろう。そう、「体主霊従」の住人（地上世界）と「霊主体従」の住人

（ミロクの世）の違いである。

第十三帖

まだ〇のみ追うている人民沢山あるなれど、〇では世は治まらん、自分自身は満たされんぞ、ヽでなくてはならん、と申して、ヽだけでもならんぞ、ヽが元ぢゃ、内ぢゃ、〇は末ぢゃ、外ぢゃ、ヽから固めて下されよ、〇は自《おの》ずから出来て来る、ふさわしい〇が出来てくるのぢゃ。今の世は開けた開けたと申しているが、それは半面だけのこと、半面が開けると半面が閉ざされる世の中、開け放しの明るい世が目の前に来ているぞ。用意はよいか、真中動いてはならんと申してあろう、動くのは外ぢゃ、忙しい忙しいと申すのは外側にいる証拠であるぞ、気つけて早う中心に飛び込めよ、真中結構、日本は真中の国であるぞ、日本精神は真中精神、末代動かぬ精神であるぞ、三千世界の大掃除であるから、掃除するには、掃除する道具もいるぞ、人民もいるぞ、今の有り様《さま》では、いつまでたっても掃除は出来ん、ますます穢《けが》れるばかりぢゃ、一刻も早く日本から、日本を足場として最後の大掃除を始めて下されよ。神が致すのは人民が可哀想なから、くどう申しているのぞ。

〈考察〉

本帖はいくつかのテーマが含まれているので、それらの区分（文節）毎に考察する。最初は次の文節である。

まだ〇のみ追うている人民沢山あるなれど、〇では世は治まらん、自分自身は満たされんぞ、ゝでなくてはならん、と申して、ゝだけでもならんぞ、ゝが元ぢゃ、内ぢゃ、〇は末ぢゃ、外ぢゃ、ゝから固めて下されよ、〇は自《おの》ずから出来て来る、ふさわしい〇が出来てくるのぢゃ。

● 「ゝ」が元《もと》（内）で「〇」は末（外）である

この帖文には「〇」と「ゝ」が多く登場している。この二つは神文字「⦿」を構成する重要なものであるが、これに込められた神意を理解していなければ、帖文そのものも理解出来るものではない。

そこで、「○」と「ヽ」の意味を、最もよく表しているものは、「我の構造図」であるから、まずはこれをご覧頂きたい。

【我の構造図】

◎神の光→「真我」を通る→「ヽ、真、善、美、愛」となる→「御用の善」＝表、主

◎神の光→「自我」を通る→「○、偽、悪、醜、憎」となる→「御用の悪」＝裏、従

右の「我の構造図」から、「ヽ」は「真我」に対応するもので「御用の善（＝善の御用）」として働くことが分かる。当然、その基本的な性質は「真、善、美、愛」である。

一方の「○」は「自我」に対応し、「御用の悪（＝悪の御用）」として働き、その基本的性質は「偽、悪、醜、憎」である。このように両者は完全に反対の性質を持っている。

よって右の帖文において「○」を「自我」に、また「ヽ」を「真我」と置き換えて見れば意味が通じるはずである。やって見よう。

まだ「自我」のみ追うている人民沢山あるなれど、「自我」では世は治まらん、自分自

身は満たされんぞ、と申して「真我」だけでもならんぞ、「真我」が元ぢゃ、内ぢゃ、「自我」は末ぢゃ、外ぢゃ、「真我」から固めて下されよ、「自我」は自《おの》ずから出来て来る、ふさわしい「自我」が出来てくるのぢゃ。

このように「**自我では世は治まらず、真我でなくてはならない**」という明確なメッセージになることが明らかだ。さらに「ヽ（真我）＝元、内」、また「〇（自我）＝末、外」の関係になることが読み取れるが、これは正に神文字「⦿」の形からしてもそのものズバリである。

また「我の構造図」では、「ヽ（真我）＝表、主」、「〇（自我）＝裏、従」となっているが、この関係も神文字「⦿」と一致する。帖文に「ヽ（真我）から固めて下されよ、〇（自我）は自ずから出来て来る」と示されているのは、ヽと〇の表裏（主従）の関係から当然の道理なのである。

この帖文で最も重要なことは「**ヽ（真我）でなくてはならん、と申してヽ（真我）だけでもならんぞ**」とある部分だ。「ヽ（真我）」が元であり内であり表（主）であることはその通りだが、それだけではならんと神は教えているのである。

この意味は言うまでもなく「ゝ（真我）」と「〇（自我）」が結ばれなければならない、ということである。どちらが欠けてもならないから、このことを「善も悪も共に抱き参らせる」と言うのである。

なお、ここでは「ゝ」を「真我」に、「〇」を「自我」と置き換えたが、次のように別の表現で置き換えることも可能である。

「ゝ」＝「陽、男性原理、霊魂、火」など
「〇」＝「陰、女性原理、物質、水」など

それぞれ対（ペア）となる言葉を「ゝ」と「〇」に入れて帖文を読んでも、完全に意味が通じることが分かるはずである。

では二番目の文節に移ろう。

今の世は開けた開けたと申しているが、それは半面だけのこと、半面が開けると半面が

閉ざされる世の中、開け放しの明るい世が目の前に来ているぞ。用意はよいか

●今の世は半面だけしか開いていない

二つ目はたった二行の短いものである。冒頭の「**今の世**」とは、この帖が降ろされた昭和36年5月頃のことであるから、「**今の世は開けた開けた**」とあるのは、大東亜戦争の敗戦後16年が経過した日本が、敗戦から奇跡的な復興を遂げつつあった経済的な繁栄のことを指していると考えてよいだろう。

事実、この頃の日本は好景気に沸いており、本帖降下から3年後の昭和39年には最初の「東京オリンピック」が開催されているのである。世界中が日本の奇跡的な経済復興に驚嘆していた時期であった。

しかし神は「**それは半面だけのこと**」であると指摘している。要するにその繁栄は「物質的繁栄」であって、先に述べた「〇」に相当し、「丶」が欠落しているのである。「**半面が開けると半面は閉ざされる世の中**」とはこの意であろう。

これに対して「**開け放しの明るい世**」とは、「丶」と「〇」が結ばれた「☉の世」を指して

いる。つまり新世界（＝ミロクの世）のことである。

それが「**目の前に来ているぞ**」とは「ミロクの世」到来が「近い将来」に迫っているということであるが、神が仰《おつしや》る「目の前」と人間が考える「近い将来」では、大きな差があることを忘れてはならない。近視眼的な人間は遅くとも数年後には「ミロクの世」が到来するはずだと思いたいであろうが、神の「目の前」は人間の時間にして何十倍も長いことが珍しくないからである。

ここの所が分かっていないと、「日月神示」の神が言うことはウソだとか、予言が外れたなどと言い出す輩《やから》が必ず出て来るものだ。

最後の「**用意はよいか**」は、「ミロクの世に入る準備はよいか？」という意であろうが、これを裏読みすれば、「（そのためには）身魂を磨け」という戒めであり促しでもある。

次は三つ目の文節である。

真中動いてはならんと申してあろう、動くのは外ぢゃ、忙しい忙しいと申すのは外側にいる証拠であるぞ、気つけて早う中心に飛び込めよ、真中結構、日本は真中の国であるぞ、日本精神は真中精神、末代動かぬ精神であるぞ

●日本は真中の国、日本精神は真中精神

この帖文では「**真中**」と「**外（側）**」がキーポイントであるが、「真中」とは「ヽ」のことであり、「外（側）」とは「〇」のことである。先に登場した「**ヽが元ぢゃ、内ぢゃ、〇は末ぢゃ、外ぢゃ**」からも明らかなことだ。

「**真中動いてはならんと申してあろう、動くのは外ぢゃ**」とは、「ヽ（霊、魂）」は司令塔であるから中心に位置し、手足となって働くのは「〇（物質、肉体）」であると解される。

また「**忙しい忙しいと申すのは外側にいる証拠**」とは、司令塔を「〇（肉体）」に明け渡していることを意味していると思われる。「**気つけて早う中心に飛び込めよ、真中結構**」とあるように、「身魂」を磨いて一刻も早く「ヽ（真我）」を覚醒させよと解すればよいだろう。

次にこの帖文で最も重要なことは、「**日本は真中の国であるぞ、日本精神は真中精神、末代**

動かぬ精神であるぞ」と明記されていることだ。これは「基本十二巻」において散々強調されていることと全く同じことである。要するに日本は「神の国」であり、「日本精神（＝大和魂）」を有する日本人は「神の臣民（＝神人）」であるということを再度強調しているのである。

ただし霊的な意味の「日本人（神人）」とは、「〻」を有する者のことであって、「日本国籍」の有無とは直接関係ないことに注意して頂きたい。

では最後の文節に移る。

三千世界の大掃除であるから、掃除するには、掃除する道具もいるぞ、人民もいるぞ、今の有り様《さま》では、いつまでたっても掃除は出来ん、ますます穢《けが》れるばかりぢゃ、一刻も早く日本から、日本を足場として最後の大掃除を始めて下されよ。神が致すのは人民が可哀想なから、くどう申しているのぞ。

●最後の大洗濯は日本が足場

最後の文節は「**三千世界の大掃除**」のためには、「**道具**」と「**人民**」が必要であると述べている。ここでいう「大掃除」は、人間（人類）に「メグリ取り」を促進させて「身魂磨き」を深化させることが目的であるが、それは簡単に出来ることではなく、極めて厳しくかつ辛く苦しいことである。

具体的には、大きな自然災害や世界的な大事件、戦争や紛争、テロ、資源の奪い合い、食料不足、国家間や民族間の造反離反、或いは人民一人一人に襲い掛かる「貧、病、争」などの苦難や困難など、およそ何でもありの大混乱、大混迷の様相を呈するだろうが、神はこのような状況を「（大掃除のための）道具」だと仰《おつしや》っているのである。

そしてこの「道具」をいつ何処でどのように使うかを決める主体は神であるが、地上世界の人間の状況を無視して、神が勝手に独断で「道具」を使うのではない。地上世界の「掃除」のためには、「道具」の他に「人民」も必要だとあるように、人民と道具の二つが上手くかみ合わなければ「大掃除」にはならないのである。

勿論、ここで言う「人民」とは人間なら誰でもよい訳ではなく、「大掃除」の役に立つ「因縁の身魂」たる者でなければならない。

ところが現状は「**今の有り様《さま》では、いつまでたっても掃除は出来ず**」、むしろ「**ますます穢《けが》れるばかりぢゃ**」と厳しい指摘がなされている。これは「因縁の身魂」たちの「身魂磨き」が神の期待するようには進んでいないということであろう。

ここで「今の有り様《さま》」の「今」とは本帖が降ろされた昭和36年当時のことになるが、今現在に当てはめても全く同様ではなかろうか？　いやむしろもっと酷くなっていると言うべきかも知れない。

もう一つ大事なことは「**一刻も早く日本から、日本を足場として最後の大掃除を始めて下されよ**」とあることで、ここでも日本が「足場（前述の「真中の国」）」であることが強調されていることに注目して頂きたい。

最後の「**神が致すのは人民が可哀想なから、くどう申しているのぞ**」とは、「碧玉《あおたま》之巻」第九帖の次のピースと同じ意味である。

> この世の世話をさすために、人民には肉体を与えてあるのぞ、活神《いきがみ》がしたのでは堪《こば》れんものが沢山出てくるからぢゃ

これについて特段の説明は不要であろう。

（五十黙示録第二巻「碧玉之巻《あおたま》」第九帖）

第十四帖

頭と尻尾だけでは何も出来ん、化物ぢゃ。八尾八頭《やつおやつがしら》の時代は済んだのであるぞ、肝心の胴体がないぞ、日本が胴体であるぞ、日本を何処《どこ》に忘れて来たのか、自分でもわかるまいがな、尻の毛まで抜かれた化物の姿、鏡に映して見るがよい、鏡は神示ぢゃと早うから知らしてあろうがな。

〈考察〉

●八尾八頭《やつおやつがしら》の時代の終焉

本帖は一見して謎だらけである。幾ら目を皿のようにしてこの帖だけを読んでも、神意に深く迫ることはまず不可能であろう。本帖を解読するには、直前の第十三帖に登場した「**日本は真中の国であるぞ**」を前提として考察しなければならないのである。

そこでキーワードとなるのは「**日本が胴体であるぞ**」という部分である。これだけではよく分からないが、前帖で「日本は真中の国」であると示されていることから、「日本が胴体である」ことと「真中の国」は同義であることが分かる。

これによって「**頭と尻尾だけでは何も出来ん**」の謎も解ける。つまり「頭」と「尻尾」は真中の「胴体」より「外」にあるから、「真中の日本（ゝ）」に対して「外の外国（〇）」という関係になるのである。

よってこの部分に秘められた神意は、「外国（〇）」だけでは何も出来ない」ということである。外国を称して「**化物**」と呼んでいるのは、神ならではの実に厳しい表現である。

次に「**八尾八頭**《やつおやつがしら》」について考えると、「尾」と「頭」は前記の「頭と尻尾」つまり外国のことであることは歴然としているが、「八」は「多くの、多数」という意味で使われていることに注意が必要だ。単なる「数のはち、やっつ」ではない。

つまり「八尾八頭」とは「多くの外国(〇)」という意味であり、「**八尾八頭**《やつおやつがしら》**の時代は済んだのであるぞ**」と示されているように、神は「〇」である外国が支配する時代の終焉を宣言しているのだ。さらに言えば、このことは「岩戸が開いた」ことを意味していることになる。

ちなみに「岩戸開きのはじめの幕」が開いたのは、広島に原爆が投下された昭和20年8月6日であった。

「岩戸」が閉められていた長い長い期間は、神の国である日本にも神の光が全く射し込まなくなっていたため、日本(人)も外国(人)と同じようになってしまった。「**肝心の胴体(=真中の国)がないぞ**」とは、このような日本(人)のことを指しているのであり、外国と同じになってしまった日本(人)は、自分が本来如何なる存在であったかさえ忘れてしまったのである。「**日本を何処に忘れて来たのか、自分でもわかるまいがな**」とは、正にこのことを指している。

つまり、これまでは日本も外国と同様**「化物の姿」**になっていたということなのだ。今まではそのことにすら気が付かなかったのであるが、「日月神示」という神典が降ろされたことによって、それが「**鏡**」となって「化物」に変わり果てた自分の姿を見せてくれているのである。そこに映るのは「グレンと引っ繰り返った醜い自分の姿」である。

第十五帖

五六七のミロクの代から六六六のミロクの世となるぞ。六六六がマコトのミロクの世であるなれど、六六六は動きないぞ、六六六は天地人の大和の姿であるなれど、動きがないからそのままでは弥栄せんのぢゃ、６６６となりまた六六六とならねばならんぞ、新しき世の姿、よく心得よ。

〈考察〉

●「五六七」から「666」を経て「六六六」になる

本帖も一見して謎だらけであり、「黙示録《もくじろく》」の名に相応しいと感じられるものだ。

ただ謎だらけと言っても、ハッキリしていることが三つある。それは「**六六六がマコトのミロクの世**」を表していること、「**六六六だけでは動きがなく弥栄しない**」こと、さらに「**六六六は天地人の大和の姿**」であることの三つである。

つまり「ミロクの世」の完成した姿が「六六六」で表されているのだが、これは語呂合わせ的にも「六六六」→「三つの六」→「ミロク」となるから、イメージし易いものだ。

ところで「世の元の大神」様が意図されていることは、「天地人の和（六六六）」がある一定のレベルで止まってしまうような「静的世界」ではなく、「天地人の和（六六六）」が常に深化進展して止まない「動的世界」だということを想起して頂きたい。

これに対して本帖では「六六六では動きがない」と断言しているのであるから、これを動かして深化進展を図るためには、「動かすための仕組」が必要になる。そのヒントが帖の冒頭に

「五六七のミロクの代から六六六のミロクの世となるぞ」に示されていることなのである。

どういうことかと言えば、「五六七」から「六六六」になるということの裏には、元々「六六六」であった世界が「五六七」に変えられた、ということがある。つまり、そのままでは動きのない「六六六」のバランスを一時的に崩して、動きが可能なようにされたものが「五六七(の仕組)」なのである。

「六六六」の最初の六を一減らして「五」とし、真中はそのままの「六」、三番目の六に一を加えて「七」にすることによって「六六六」のバランスが崩れる。これが「五六七」である。

バランスが崩れればこれによって「動き」が生じ、そこに「力」が生まれる。そしてこの「力」がバランスを取り戻す働きとなって、最終的に再び「六六六」へと元返りするのである。一応はこのように説明出来る。

ここで注意しなければならないことは、「(六六六に)元返りする」と言っても、最初と全く同じレベルの世界に戻るのではなく、必ず霊的に一段レベルアップした「新六六六」に元返りするということである。

読者はお分かりだと思うが、「六六六」のバランスを崩すために仕組まれたものが「(五度に亘る）岩戸閉め」であり、これによって「悪の御用」が動き出し、神国である日本に神の光が一切射し込まなくなってしまったのである。結果、日本も世界も「体主霊従、我れ善し」の性来に堕ち、世は乱れ放題、荒れ放題になった。

しかし長い時の流れを経て、「悪の御用」を反面教師として、そこから本来の「霊主体従」に返るという新しい「力」が生まれ、混乱と混迷の中で「岩戸開き」が進むことになるのである。

このように「五六七（の仕組）」とは、「六六六（ミロク）」へ至る仕組ではあるが、「岩戸閉め」と「悪の御用」によって徹底的に揉《も》まれ練《ね》り上げられるプロセスを通ることが宿命付けられていることを知らなければならない。それがいわゆる「立て替え（の大峠）」である。

また、「五六七」から「六六六」になるといっても、人間も国も世界もこれまで積み上げて来た「メグリ」を必ず清算しなければならないから、そこには相応の時間とプロセスが必要であることも理解しておく必要がある。瞬間的にあっという間に「六六六（ミロクの世）」が到来するのではない。

本帖の後半に「**６６６となりまた六六六とならねばならんぞ**」とは、以上のことを意味していると思われる。「五六七」からいきなり「六六六」になるのではなく、「６６６」で表されるプロセス（途中段階）を通らなければならないと示しているのだ。

以上で本帖の考察は終わるが、第十七巻「地震の巻」にはここまで述べたことと極めて密接に関連する内容が降ろされているので、参考のため挙げておく。よくご覧頂きたい。

平衡より大平衡に、大平衡より超平衡に、超平衡より超大平衡にと進み行くことを弥栄と言うのである。（中略）善、真なき悪、偽はなく、悪、偽なき善、真はあり得ない。神は善・真・悪・偽であるが、その新しき平衡が新しき神を生む。新しき神は、常に神の中に孕み、神の中に生れ、神の中に育てられつつある。始めなき始めより、終わりなき終わりに至る大歓喜の栄ゆる姿がそれである。

（第十七巻「地震の巻」第十五帖）

私は先に「世の元の大神」様が意図されることとは、「天地人の和（六六六）」がある一定のレベルで止まってしまうような「静的世界」ではなく、常に深化進展して止まない「動的世界」だと述べたが、右の帖文の冒頭で述べられている「**平衡より大平衡に、大平衡より超平衡に、超平衡より超大平衡にと進み行くことを弥栄と言うのである**」が正にこのことを表していることがお分かりになるはずだ。

さらに「**善、真なき悪、偽はなく、悪、偽なき善、真はあり得ない。神は善・真・悪・偽であるが、その新しき平衡が新しき神を生む**」と示されているのは、これも先に述べた「悪の御用」の働きを述べたものである。

「悪の御用」の目的とは、「新しき平衡が新しき神を生む」ための「力」を創造することに他ならない。

〈追記〉

本帖には「六六六」という数字が登場しているが、「六六六」と言えば多くの者が新約聖書「ヨハネの黙示録」に書かれている「獣の数字六六六」を連想するのではないだろうか？　新約聖書から関連する部分を一部引用して見よう。

また、小さな者にも大きな者にも、富める者にも貧しい者にも、自由な身分の者にも奴隷にも、すべての者にその右手か額に刻印を押させた。そこで、この刻印のある者でなければ、物を買うことも、売ることもできないようになった。この刻印とはあの獣の名、あるいはその名の数字である。ここに知恵が必要である。賢い人は、獣の数字にどのような意味があるかを考えるがよい。数字は人間を指している。そして、数字は六百六十六である。

（新共同訳聖書　ヨハネの黙示録13章16〜18節）

ヨハネの黙示録に登場する「獣」は「六六六」で表されているが、その本質は救世主イエス・キリストの対極に位置する反キリスト（悪魔が具現したもの）と捉えられている。全ての人民に「(六六六の) 刻印」を押して強制的に管理し家畜化しようとするもののようである。

その正体については、「**数字（六六六）は人間を指している**」とあることから、古来、色々な解釈がなされている。中で最も有名なものは、ローマ皇帝「ネロ」が「六六六の獣」であるというもののようだ。

皇帝ネロは、人類史上初めてキリスト教徒を迫害した皇帝として有名である。西暦64年に起こったローマの大火災をキリスト教徒のせいにし、罪をなすりつけて迫害したばかりか、指導者であった使徒・ペトロを逆さ十字架にかけて殺害までしている。キリスト教徒にとっては誠に残忍極まりない人物であった。

他にも色々な説や解釈があるようだが、いずれにしてもキリスト教が世界的な大宗教であることから、「獣の数字六六六」は宗教界やオカルト界では極めて大きなテーマであり、話題の中心となっている。

さて本帖の「六六六」と「獣の数六六六」については、確かに数字だけは同じであるから、このことをもって両者の共通性や関連性を考えたくなる者もいるだろう。その気持ちは分からなくもないが、しかし私はこのことには与《くみ》しない。両者は全くの別物であると考えている。

何故なら、同じ「六六六」でも日月神示とヨハネの黙示録では、その本質が全く異なるからである。「六六六」に関するそれぞれの説き方を見れば一目瞭然である。

・日月神示の「六六六」　↓　六六六がマコトのミロクの世

・ヨハネ黙示録の「六六六」→ 獣の名（その名の数字）、数字は人間を指す

本質を見ることなく、見た目の数字が同じというだけで安直に判断する愚《ぐ》は避けなければならない。

第十六帖

盲の人民がいくら集まって相談すればとて、すればするほど闇となるのぢゃ、行き詰まって上げも下ろしも出来んことになるのぢゃぞ、すべてを数《かず》だけで決めようとするから悪平等となるのぢゃ、盲をいくら並べてみても何もならん、早う改心せよ、新しきタマの選挙があるでないか。

〈考察〉

●すべてを数で決めることは悪平等

最初に断っておくべきは、帖文中に登場する「盲（めくら）」という言葉についてである。これは現在では差別語とされているので、軽々に口にすべきではないものだ。「盲」の意味は言うまでもなく「目の見えない人」のことであるが、現在は「視覚障害者」とか「目の不自由な人」などという柔らかい表現が多く使われている。また「盲《もう》」や「盲人《もうじん》」という表現（発音）なら、ぎりぎりセーフだという解釈もあるようである。

時代の流れを感じる部分ではあるが、本帖を他人に説明する時などは注意して頂きたい。

ところで本帖でいう「盲」とは、肉体的な視覚障害者のことではなく、「神理」の認識障害者の意である。要するに「身魂磨き」をせず「体主霊従、我れ善し」の性来から抜け出していない人民のことだと考えればよい。

「**盲の人民**」が何人集まって相談しても、そこから出て来る結論は「**すればするほど闇**」だと厳しく指摘されている。「三人寄れば文殊の知恵」という格言があるが、「我れ善し」の者が神理を理解するには全く役に立たないということであろう。

「**すべてを数《かず》だけで決めようとする**」のは、地上世界における民主主義の根幹とされる「多数決」と「選挙制度」のことだと捉えられるが、それは結局「**悪平等となる**」と神は教えている。「数《かず》で決める」ことは最多の民意を反映することだから、最も平等であり最善最良の方法ではないか？　と誰しも思う所だろうが、やはりそれは「盲」の理屈なのだ。

神の視点では、「**盲をいくら並べてみても何もならん**」ということなのであって、要は「最い、い、い、い、も多い我れ善し」を採るのであるから「最も悪平等」になると教えているのである。

真の平等は「我れ善し」の反対、つまり「皆な善し」であって、それは「数だけ」で決められるものではない。そのためには何よりも、人民が「霊主体従」の身魂に覚醒することが求められるのである。「**早う改心せよ**」とはこの意である。

このように、本帖は「すべてを数《かず》だけで決めようとする」民主主義の根本的な欠陥をズバリ指摘しているが、実は補巻「月光の巻」には、これを遥かに上回る厳しい表現を用いて、多数決と選挙制度の誤りを指摘している帖がある。よい参考になるので、次に挙げておこう。

多数決が悪多数決となるわけが何故にわからんのぢゃ。投票で代表を出すとほとんどが悪人か狂人であるぞ。世界が狂い、悪となり、人民も同様になっているから、その人民の多くが選べば選ぶほど、ますます混乱してくるのであるぞ。

（補巻「月光の巻」第七帖）

神はこのように、多数決と投票（選挙）は「世界が狂い悪となる負の連鎖システム」だと断言していることを肝に銘じて頂きたい。

本帖最後の「**新しきタマの選挙**」であるが、これは地上世界の民主主義に替わる全く新しい政治システムを表していると考えられる。要するに「ミロクの世」における統治機構のことであろう。ここでいう「新しきタマ」とは「新しき魂《たま》」のことであり、「体主」から「霊主」に覚醒した神人を指していることは間違いない。

「ミロクの世」では「てんし様」が霊的中心者であって、その大《おお》御心《みこころ》が遍《あまね》く反映されるための政治や経済は必要だが、ここで「**（新しきタマの）選挙があるでないか**」と示されているので、「ミロクの世」においても政治経済を運営する代表者を選出する何らかの選挙システム（＝選び取りのシステム）が存在するようである。

ただこの場合の「選挙」とは、地上世界のように「数」で決めるものでないことは確かである。「霊主」である神人が代表者を選出するのであるから、選ばれる者はより高い「霊格」を有する者であり、このような者が「てんし様」の大御心を具現するために行なう政治経済であれば、それこそ「真の平等」ということになるのは疑いようもないことだ。

注：ここでは「ミロクの世の政治経済」という表現を使ったが、「ミロクの世」が発展して十分に成熟すれば、政治や経済と言った概念区分やその境界がなくなり、全てが有機的に統合されたカタチになると神示は教えている。この統治形態を「**マツリ**」と述べている。

第十七帖

はじめに碧玉《あおたま》を並べて下されよ、次に赤玉、次に赤黄玉、次に黄赤玉、次に黄玉、次に黄青玉、次に青黄玉、次に青玉、次に青赤玉、次に赤青玉、次に紫水晶、合わせて十一玉、この巻、碧玉の巻であるぞ。

〈考察〉

●十一の色玉が意味するもの

本帖は難解極まりない。数多くの「色玉」が登場しているので「色霊《いろたま》」に関係すると考えられるが、具体的な切り口が見当たらないのである。

そこで、そもそも「十一玉」とは何なのか？　何故「十一」なのか？　この辺りから考察して見ようと思う。日月神示で「十一」に関連する帖を調べて見ると、同じ五十黙示録第六巻「至恩之巻《しおん》」第十五帖に次のように降ろされている（「至恩之巻《しおん》」についてはいずれ取り上げることになる）。

一二三四五六七八の世界が一二三四五六七八九十の世となりて、〇一二三四五六七八九十の世となるのぢゃ、〇一二三四五六七八九十がマコトと申してあろうがな。裏表で二十二ぢや、二二の五ぢや、二二《ふじ》は晴れたり日本晴れぞ、わかりたか。
（五十黙示録第六巻「至恩《しおん》之巻」第十五帖）

この神示も難解であるが、これは数字によって「世界」を表しているものだと考えられる。具体的には次のようになる。

・一二三四五六七八の世界　　↓　八方世界のこと（つまり地上世界）
・一二三四五六七八九十の世　↓　九を経て十（ミロクの世）に至ること
・〇一二三四五六七八九十の世　↓　十（ミロクの世）の根元は「〇《レイ》」であること

右の三つの世界を表す数字の数を数えると、「八」→「十」→「十一」となっているが、「**十一**」が「**マコト（の世）**」であると示されているから、本帖（第十七帖）の「十一の玉」とは「マコトの世」を象徴するものが「玉」であると捉えておきたい。

この捉え方によれば、「碧玉《あおたま》」から始まって「紫水晶」に至る十一の「色玉」によって、「マコトの世」を表していることになるから、色と数字の対応関係は次のようになる。

○	碧
一	赤
二	赤黄
三	黄赤
四	黄
五	黄青
六	青黄
七	青
八	青赤
九	赤青
十	紫

この対応関係では、まず「ミロクの世」を表す「十」に対応する色が「紫（水晶）」であることを確認しておきたい。日月神示では「ミロクの世」を「水晶の世」とも述べているので、この捉え方でよいと思われる。

次に最初の「○」は色では「碧」に対応するが、「○」は「レイ（霊）↓ム（無）」であって、物質世界を創造する根元の要素（＝「世の元の大神」様の御神力）であると考えられる。

「○」と「十」をこのように捉えれば、残った「一二三四五六七八」は必然的に「物質世界」つまり「ウ（有）」を意味することが分かる。また「九」は物質世界から「ミロクの世」に至るための「苦難」であり、また物質世界を「括る」の意であると考えられる。

そうすると全体の意味は、根元の「○（霊）、ム（無）」から「ウ（有）」である「物質世界（一二三四五六七八）」が創造され、それが「九（苦難、括り）」を経て「十（ミロクの世）」になるという明確なストーリーを得ることが出来る。元よりこれが「世の元の大神」様の御神策である。

ここで問題になるのは、では何故「色玉」が登場しているのか？　ということだが、正直に申して確たる理由は不明である。

ただ、幾つか分かったことがあるので、それについて触れておきたい。

まず物質世界を表す「一、二、三、四、五、六、七、八」と「九」に対応する「赤、赤黄、黄赤、黄、黄青、青黄、青、青赤、赤青」には「赤、黄、青」という「色材（絵具）の三原色」が入っていることだ。「色材（絵具）」は物質であるから、「赤、黄、青」の三原色の組み合わせ方（混合割合）によってすべての色（物質）が創造されることが明らかである。

ここで推論を逞《たくま》しくすれば、物質世界が「色材（絵具）の三原色」によって表されるのであるから、これと対比的に、霊的世界である「〇」と「十」は「光の三原色」によって表されると考えてよいのではないだろうか？

「光の三原色」とは、「赤、青、緑」の光のことである。「〇（碧）」と「十（紫）」は物質世界とは次元の違う世界であるから、この二つが「光の三原色」から創造されると考えれば、まず「〇」である「碧（あおみどり、シアン）」は「青」と「緑」の光が和することによって生まれる。同様に「十」である「紫、マゼンタ」は、「赤」と「青」の光が和することによって創造されるのである。

このように考えれば、「数字（数霊）による世界創造」を「色玉（色霊）」によって表していると捉えられので、一応、理屈は成り立つようにも思われるが、今の段階では確信も確証もないことをお断りしておく。

帖文に戻ると「**はじめに碧玉《あおたま》を並べて下されよ、次に赤玉……**」のように「並べる」ことが指示されているから、これはおそらく岡本天明に「十一個の色玉」を順番に並べるように指示したものであるかも知れない。そうするとこれは、何らかの「神業（のひとつ）」と考えることが出来るが、並べる場所や時期などは示されておらず、具体的なことは不明である。

●「この巻、碧玉の巻であるぞ」の意味とは？

もう一つ、本帖の最後に「**この巻、碧玉の巻であるぞ**」と指定されているが、これは何故であろうか？　帖文では「はじめに碧玉《あおたま》（を並べて下されよ）」とあるから、単純に考えれば「碧玉《あおたま》の巻」は「五十黙示録」の「はじめの巻」、つまり「第一巻」になるようにも思われるが、勿論これは正しくない。何故なら「碧玉《あおたま》之巻」は「五十黙示録」では「第二巻」であり、「第一巻」は「扶桑《ふそう》之巻」であるからだ（これも神によって指定されている）。

そうすると考えられるのは「〇《レイ》」が「碧玉」であって、しかもその意味が「霊、ム（無）」という霊的な根元を意味すると捉えれば、「はじめに碧玉」とは「霊的なはじめ」のことであり、また「神仕組のはじめ」でもあり、もっと言えば「コトの起こり」であって、このことが降ろされている巻である、ということになるのではないか。

では「霊的なはじめ」であり、「神仕組のはじめ」でもあり、「コトの起こり」とは何のことだろうか？「碧玉《あおたま》之巻」のどこにそんなことが書かれているのだろうか？

ズバリ、それは「岩戸閉め」である。「岩戸閉め」こそが「神仕組のはじめ（＝コトの起こり）」であり、神仕組の根本を成すものだ。「岩戸閉め」がなければ「岩戸開き」もなく、ましてや「日月神示」が降ろされる必然性もない。その「岩戸閉め」について詳細に降ろされているのが「碧玉之巻《あおたま》」第十帖なのである。

これが「はじめに碧玉」の神意ではないだろうか？

さらに言えば、実はこの「第十帖」の「十」にも密意があると考えられる。何度も述べているように、「十」には「ミロクの世」の意味もあるから、「ミロクの世」が到来するためには必ず「岩戸開き」が成されなければならないからだ。

このように「碧玉《あおたま》之巻」は、「神仕組のはじめ（＝コトのおこり）」である「岩戸閉め」を詳細に記述したものであり、それを「第十帖」に降ろすことによって、「岩戸開き（＝ミロクの世到来）」の密意をも込めていると考えられるのである。

第十八帖

氷と水と水蒸気ぢゃと申してあろうがな、同じであって違うのぞと知らしてあろう、地には地の、天には天の、神には神の、人民には人民の、動物には動物の、植物には植物の、それぞれの法則があり、秩序があるのであるぞ、霊界に起こったことが現界に写ると申しても、そのままで写るのではないぞ、また物質界が霊界に反映すると申しても、そのままに反映するのではないぞ、すべてが太神の中での動きであるから、喜びが法則となり秩序となって統一されていくのであるぞ、それをフトマニと申すのぞ、太神の歓喜から生まれたものであるが、太神もその法則、秩序、統一性を破ることは出来ない大宇宙の鉄則であるぞ、鉄則ではあるが、無限角度をもつ球であるから、如何《いか》ようにも変化して誤らない、摩邇《マニ》の珠《たま》とも申すのであるぞ。その鉄則は第一段階から第二段階に、第二段階から第三段階にと、絶えず完成から超完成に向かって弥栄するのであるぞ。弥栄すればこそ、呼吸し、脈搏《みやくはく》し、進展して止《や》まないのであるぞ。このことわかれば、次の世のあり方の根本がアリヤカとなるのであるぞ。

〈考察〉

●太神の喜びが法則となり秩序となって「フトマニ」と呼ばれる

本帖は長文であるが、主題は一貫していて「**フトマニ**」について説いたものである。神とは何か？　三千世界とは何か？　これらは何処へ向かうのか？　などといった根本概念を明確に示したものだ。

ここでは考察の都合上、「フトマニ」について具体的に記述されている後半部分を先に見て行くので了承されたい。

「フトマニ」の「フト」は一般には「太」の漢字が当てられ、「大きな、立派な、神聖な」などの意味をもつ美称である。よってフトマニを直訳すれば「立派な（神聖な）マニ」ということになる。ちなみに神道の祝詞も「太祝詞（ふとのりと）」と呼ぶことがある。

また本帖では「**太神**（ふとがみ）」という言葉が使われているが、この「太」も美称であり、本帖では文意からして「世の元の大神」様を意味していることは間違いない。

「マニ（摩邇）」の辞書的な意味は、「宝石、宝玉」或いは「如意宝珠《にょいほうじゅ》」などと示されているが、本帖で意味的に適合するのは「如意宝珠」である。「如意宝珠」とは「仏教において霊験を表すとされる宝の珠のことで、意のままに願いをかなえる宝」とされている。つまり「フトマニ」とは、太神が「意のままに三千世界を創造する」ことが直接的な意味になるが、「意のままに」とは「好き勝手に」ということではなく、根底にあるのは**「太神の歓喜」**であることに注意しなければならない。

この「歓喜」を具体的に体現すれば、「**すべてが太神の中での動きであるから、喜びが法則となり秩序となって統一されていく**」ということになる。日月神示には随所に「神は歓喜である」という表現が登場しているが、その大元は「太神の歓喜」つまり「フトマニ」ということである。

次に、「フトマニ」には幾つかの極めて重要な法則があり、本帖ではこれを「**大宇宙の鉄則**」と呼んでいる。その鉄則を要約すると次の三つに集約される。

◎太神もその法則、秩序、統一性を破ることは出来ない。

◎無限角度をもつ球であって、如何《いか》ようにも変化して誤らない。
◎絶えず完成から超完成に向かって弥栄する、呼吸し、脈搏《みやくはく》し、進展して止《や》まない。

このように「太神の大歓喜」とは、どこか一定の地点やレベルで止まるものではなく、常に完成から超完成に向かって永遠に進むダイナミズムを有しているのであるが、これは第十五帖の考察でも採り上げた第十七巻「地震の巻」第十五帖と全く同じ意味である。極めて重要な神理であるから再掲しておこう。よく味わって頂きたい。

平衡より大平衡に、大平衡より超平衡に、超平衡より超大平衡にと進み行くことを弥栄と言うのである。（中略）善、真なき悪、偽はなく、悪、偽なき善、真はあり得ない。神は善・真・悪・偽であるが、その新しき平衡が新しき神を生む。新しき神は、常に神の中に孕み、神の中に生れ、神の中に育てられつつある。始めなき始めより、終わりなき終わりに至る大歓喜の栄ゆる姿がそれである。

（第十七巻「地震の巻」第十五帖）

以上が「フトマニ」に関する考察であるが、これに関してはまだ前半部分が残っている。今度はこの部分を考えて行くが、まずは該当する帖文を挙げよう。次のものだ。

氷と水と水蒸気ぢゃと申してあろうがな、同じであって違うのぞと知らしてあろう、地には地の、天には天の、神には神の、人民には人民の、動物には動物の、植物には植物の、それぞれの法則があり、秩序があるのであるぞ、霊界に起ったことが現界に写ると申しても、そのままで写るのではないぞ、また物質界が霊界に反映すると申しても、そのままに反映するのではないぞ

●同じであるが違う？

前半の帖文のエッセンスは「**同じであって違う**」ということである。逆に言えば「違って見えても本質において同じ」ということになる。

「**氷**」は個体、「**水**」は液体、「**水蒸気**」は気体であるから、それぞれの見た目も性質もまるで違うが、「ミズ（H_2O）」という本質に変わりはない。本質は同じでもその現われ方は多種多様であるとも言い得る。

これを「フトマニ」的に言うなら、「宇宙の中に存在する無限無数のモノはすべてが違って見えるしその性質も異なるが、元を糺《ただ》せばそれらはみな『太神の歓喜』によって生み出されたものであるという意味において同じモノである」となるだろう。さらに言うなら「太神の外にあるモノは何一つとして存在しない」、或いは「すべては太神が生み給いしモノ」と言ってもよい。

本質が同じなのにどうして違うカタチで現われるのかと言えば、それは「（太神の歓喜は）**無限角度をもつ球であるから、如何《いか》ようにも変化して誤らない**」ことによってである。「無限角度を持つ球が如何ようにも変化」するのであるから、全く同じものは一つもないのであり、それでいて「誤らない」のであるから、太神には「駄作」も「失敗作」もないということになる。

これが全体のエキスであり、このことが腑に落ちれば残りの帖文もすんなりと理解出来るはずだ。「**地、天、神、人民、動物、植物**」などにそれぞれの「**法則と秩序**」があるのは当然の道理であって、さらに「霊界」と「地上（物質）世界」の関係においても、相互に影響を与え合うことは当然であるが、「**そのまま写る（反映する）ものではない**」のである。

少し横道に入るが、「同じであって違う（＝違って見えても本質は同じ）」ということは、現代の最先端物理学である「素粒子論」によってもある程度予想されることである。宇宙には無限無数の物質が存在するが、それらを構成するのは「原子」である。原子の種類を「元素」と呼び、その数は現在までに118個が発見されている（理論的には173個まであると予測されているという）。

つまり無限無数の物質であっても、それらはたった118個（理論的には173個）の「元素」によって成り立っていることが分かる。無限無数の数が118（173）にまで絞られたことになる。

ところが「原子」は物質の最小単位ではなく、それは「原子核」と「電子」から構成されている。これは中学生でも知っていることだ。更に原子核は「陽子」と「中性子」から構成され、陽子と中性子はさらに微小な「素粒子」によって構成されていることが明らかになっている。

物質の最小単位を研究する「素粒子論」によれば、現在確認されている素粒子には「物質粒子（クォーク、レプトン）」、「ゲージ粒子」、「ヒッグズ粒子」がある。細かく見ればそれぞれの粒子には仲間がいるとされているが、ともかく物質の究極は（今の所）三種類の素粒子によって構成されていることになる。

整理すると、「無限無数の物質」は「118（173）個の元素」からなり、これらの元素は「三種類の素粒子」から構成されているということになるが、このように物質の素《もと》を突き詰めて行けば行くほど、どんどんその数は少なくなって行くことが見て取れる。

現代科学はここまで明らかにしているが、では「素粒子」を構成しているさらに究極のものは何か？　という話になれば、そこはもう「物質性を超えた創造原理」を想定しなければ埒《らち》が明かなくなるのは歴然としている。

これを「神（の領域）」とか「サムシング・グレート（偉大な何ものか）」と呼ぶ学者もいるようだが、ともかくこのように科学の向こうに科学を超えた「何か」を想定しなければならないことは明らかである。

その「何か」を究極まで突き詰めたものが、本帖の「太神の歓喜」であり、別名「フトマニ」であり、また「摩邇《まに》の珠」ということになる。当然のことながら、物質性を遥かに超越した根源の霊的波動の世界における創造原理を指している。

なお、本帖では「フトマニ（太摩邇）」という言葉で説かれているが、第一巻「扶桑之巻《ふそう》」第十四帖には「フトマニ」とよく似た「大摩邇《おおまに》」という言葉が登場しているので確認しておこう。次の帖文である。

神の御座《みくら》のまわりには十の宝座があるぞ、十の宝座は五十と五十、百の光となって現われるのであるぞ、大摩邇《まに》は百宝を以《もつ》て成就すると知らせてあろうがな、五十種の光、五十種の色と申してあろうがな

（五十黙示録第一巻「扶桑之巻《ふそう》」第十四帖）

このように「**フトマニ（太摩邇）**」と「**オオマニ（大摩邇）**」では「**太**」と「**大**」の違いが見られるが、私は両者には表現上の違いがあるだけで、本質的な意味は同じであると考えている。「太」も「大」も美称であり、本質的な違いを意味するものではないからだ。

このような表現上の違いは、「太神（ふとがみ）」と「大神（おおかみ）」においても見られるものである。従って次のように捉えられる。

・フトマニ（太摩邇）＝オオマニ（大摩邇）

・太神（ふとがみ） ＝ 大神（おおかみ）

第十九帖

百は九十九によって用《はたら》き、五十は四十九によって、二十は十九によって用《はたら》くのであるぞ、この場合、百も五十も二十も、天であり、始めであるぞ、用《はたら》きは地の現われ方であるぞ、フトマニとは二十の珠《たま》であり、十九は常立《トコタチ》であるぞ、根本の宮は二十年毎《ごと》に新しく致さねばならん、十九年過ぎて二十年目であるぞ。地上的考え方で二十年を一《ひと》まわりと考えているが、十九年で一まわりするのであるぞ、イロハ（母）の姿見よ。

〈考察〉
本帖は数字のオンパレードで難解であるが、可能な限り解読解釈に挑戦して見たい。まず本帖は内容的に見て二つのパート（文節）から構成されているので、その区分毎に考察する。最初は次のものである。

百は九十九によって用《はたら》き、五十は四十九によって、二十は十九によって用《はたら》くのであるぞ、この場合、百も五十も二十も、天であり、始めであるぞ、用《はたら》きは地の現われ方であるぞ、フトマニとは二十の珠《たま》であり、十九は常立《トコタチ》であるぞ

●九十九、四十九、十九は用《はたら》きとしての地の現われ

この帖文には「**百**」、「**五十**」、「**二十**」が登場しているが、これらは「**百も五十も二十も、天であり、始めであるぞ**」とあるように、「世の元の大神」様（太神）の「歓喜弥栄」の発現を表していると考えられる。

数字の違いは「歓喜弥栄」の顕現（＝神仕組の現われ方）の違いを意味していると捉えられるが、これらだけでは動きがとれないことは、既に第一巻「扶桑之巻《ふそう》」第十一帖で説かれている。まずはこのことを確認するため、関係帖文を再掲するのでご覧頂きたい。

五十の足がイツラぞ、イツラでは動きとれん。四十九として働いてくれよ、真中の一は動いてはならん。真中動くでないぞと申してあろうがな

（五十黙示録第一巻「扶桑《ふそう》之巻」第十一帖）

右の神示から分かるように、「**五十**（の足）」が全部動くのではない。その中の「**真中の一**」は動いてはならず、残りの「**四十九**」が働くのが神仕組みであると示されている。

実際に地上世界における「神業」遂行のため、「四十九の御魂」たちがそれぞれの「御役、御仕事」を担うべきことが次の神示によってハッキリと示されているのである。

今度の世には四十九の御役、御仕事あるのざぞ。四十九の御魂と申してあろがな。

（第六巻「日月の巻」第二十帖）

この神示には「**四十九の御魂**」と包括的に示されているだけであるが、第十九巻「まつりの巻」第十七帖には岡本天明を含む四十九名の名前がハッキリと示されている（煩雑になるので名前の列挙は省略するが、神示全訳本をお持ちの読者はご自身で確認して頂きたい）。

「四十九」という一見中途半端な人数の意味もこれで理解される所だ。

ここまで理解出来れば、本帖の「**百は九十九によって用《はたら》き、五十は四十九によって、二十は**

「十九によって用《はたら》くのであるぞ」も同様に捉えてよいことが分かる。どのような神仕組であっても、「真中の一」は司令塔として動いてはならず、残りの「九十九、四十九、十九」が動くことによって弥栄し進展成就するという仕組みなのである。

ここで動かない「真中の一」を「丶」とすれば、残りの数字は「〇」で表すことが出来るから、両者を結べば神文字「⦿」となることは明白である。つまり「丶」が司令塔であり、「〇」は実働部隊という関係になる。現実に、天明たち「四十九の御魂」は、正しく神業遂行の地上における実働部隊であったのだ。

本帖ではこの関係を「**この場合、百も五十も二十も、天であり、始めであるぞ、用《はたら》きは地の現われ方であるぞ**」と示しているのである。「天」は動かず「地」が動くということになる。

もう一つ興味深いことは、「**フトマニとは二十の珠《たま》であり、十九は常立《トコタチ》であるぞ**」との示しである。語呂合わせ的に見れば、「二十」は「フト」であるから「二十《フト》の珠《たま》」を表し、また「十九」は「トコ」と読めるから、「国常立大神《クニトコタチオオカミ》」すなわち国祖様を表していることが分かる。国常立大神は「地の用《はたら》き」として現われるので、「十九《トコ》」で象徴されることがこれで明らかになった。また「日月神示」を降ろしたのも国常立大神であるが、これも「地の用《はたら》き」であったからである。

なおここで誤解してならないのは、「フトマニ」は「二十（の珠）」だけではなく、「百」も「五十」も当然含まれるということだ。同様に国祖様の「地の用《はたら》き」は「十九」だけではなく、「九十九」も「四十九」も含まれるのである。そうでなければ全体の意味がおかしくなってしまうからだ。

では二つ目（残り）の文節に入ろう。

根本の宮は二十年毎《ごと》に新しく致さねばならん、十九年過ぎて二十年目であるぞ。地上的考え方で二十年を一《ひと》まわりと考えているが、十九年で一まわりするのであるぞ、イロハ（母）の姿見よ。

●根本の宮は十九年で一まわりする

本帖の後半部分は、「フトマニ」の中の「**根本の宮**」について述べている。「**根本の宮は二十**

年毎《ごと》に新しく致さねばならん、十九年過ぎて二十年目であるぞ」と示されているが、地上世界の日本で二十年毎に新しくされる「根本の宮」と言えば、「伊勢神宮」が筆頭に来る。

ただこの帖文は、「地上的考え方」の誤りを指摘していることに注目する必要がある。確かに「十九年過ぎて二十年目に新しくされる」から、地上世界の日本人は「二十年毎に新しくされる」と捉えてしまうが、「地の用《はたら》き」は「十九」であるから、「**十九年で一まわりする**」と捉えることが正解だということだ。

「根本の宮」が新しくされる二十年目は「動かぬ一（丶）」が入るための「天の一年」ということになるのであろう。

なお地上世界の日本における「根本の宮」は「伊勢神宮」が該当すると思われるが、伊勢神宮の御祭神（主神）は読者もご存じのように「アマテラス」である。

しかし「ミロクの世」が到来した後の御祭神が、今と同様「アマテラス」であるとは考えられない。本帖には「根本の宮」の御祭神については何も触れられていないが、本来の御祭神は「スサナル」大神になるのではないかと推測している。

●「イロハ（母）」は「地の用き《はたら》」を表している

さて、最後の「**イロハ（母）の姿を見よ**」であるが、この意味は何だろうか？

いつも思うことだが、日月神示の帖文は短いものほど謎めいていることが多いが、これはそのものズバリで非常に難解である。確信のある解釈とは言えないが、現段階では、一応、次のように考えている。

まず右の帖文は全体として「二十年が一まわり」ではなく、「十九年が一まわり」であることを教示しているものであって、この流れを受けて「イロハ（母）の姿を見よ」と示されていることから、二十が十九になる（つまり一つ少ない）ことを「イロハ（母）」によって教えようとしているのではないかと考えられる。

「イロハ」を「母」と呼ぶのは古語に由来しているが、この場合の「母」とは「生母、実の母」の意である。これに対して「父」のことを古語では「かぞ」と言い、両方を合わせて「かぞいろは」と言えば「実の父と母」という意味である。

日月神示で「母（イロハ）」と言えば、それは「イザナミ神」のことであるから、この神に関して「一つ少ない」関係を示すピースを見つければヒントになるかも知れないと思い立って探して見た所、第一巻「扶桑《ふそう》之巻」第一帖に次の帖文を見つけることが出来た。

いよいよ時節到来して、天の数二百十六、地の数百四十四となりなり、伊邪那岐《イザナギ》三となり、伊邪那美《イザナミ》二となりなりて、ミトノマグワイして五となるのであるぞ、五とは三百六十であるぞ

（五十黙示録第一巻「扶桑《ふそう》之巻」第一帖）

右には天の数が「**二百十六**」、地の数が「**百四十四**」と示されているが、この比率は天が「三」に対して地が「二」、つまり「三対二」である。またイザナギが「**三**」で、イザナミが「**二**」になるとあるが、この比率も「三対二」である。

つまり、「天（イザナギ、父）」と「地（イザナミ、母）」の比率が「三対二」ということになり、このことから「母（イロハ）」であるイザナミは「父（かぞ）」より「一つ少ない」ということが分かるのである。よって「イロハ（母）」は「地の用《はたら》き」を表していることになるのである。

このように捉えれば、「地が天より一つ少ない」ことと「イロハ（母）の姿を見よ」は矛盾なく整合すると思うがどうであろうか？

〈第二巻「碧玉《あおたま》之巻」了〉

【第二巻「碧玉之巻《あおたま》」あとがき】

〈霊かかりにロクなものはない――第二帖関連〉

五十黙示録第二巻「碧玉之巻《あおたま》」の「あとがき」は、第二帖の最後に降ろされている「霊かかり」について補足することから始めたい。第二帖には「**霊かかりよろしくないぞ、やめて下されと申してあろう**」という一節が降ろされている。ここには「何故よろしくないのか」その理由が述べられていないが、私の言葉で端的に申せば、「霊かかりで出て来る霊にはロクなものがいない」からである。

「霊かかり」で出て来る霊のほとんどすべては低級霊、邪霊、動物霊の類《たぐい》であり、これらは「幽界」に存在している下級な霊である。ここで「幽界」とは「世の元の大神」様が生んだ世界ではなく、人間の悪想念が霊界に〝逆写〟して生み出された「地獄的想念」が渦巻く世界のことである。

「霊かかり」を含め審神《さにわ》については、今後登場する第四巻「龍音之巻《りゅうおん》」において詳細に述べられているが、ここでは「幽界」に住む霊がどのようなものかを理解して貰うために第四巻「龍音之巻《りゅうおん》」の一部を先取りして紹介しておきたい。次のものである。

幽界は人間界と最も深い関係にあり、初期の霊かかりのほとんどはこの幽界からの感応によることを忘れるでないぞ。霊かかりの動作をよく見極めればすぐわかる。高ぶったり、威張《いば》ったり、命令したり、断言したり、高度の神名を名乗ったりするものは必ず下級霊であるぞ、インチキ霊であるぞ、インチキ霊にかかるなよ、たとえ神の言葉でもなお審神せよと申してあろう。

（五十黙示録第四巻「龍音之巻《りゅうおん》」第五帖）

「霊かかり」に興味がある者なら、自分には高級霊が憑《か》かって（登場して）欲しいと願うのが常であろうが、残念ながら、それは儚《はかな》き泡のようなものである。高級霊が出て来ることなど九分九分九厘あり得ないからである。

このように申すと、岡本天明には国祖様（国常立大神）から日月神示が降ろされているではないかと反論する向きもあろうが、天明に対する日月神示降下（自動書記）は例外中の例外であって、確率的に言えばそれは正に「一厘」、つまり0・1%の奇跡なのである。

天明は優れた霊媒体質の持ち主であり、大本教団に在籍していた時は浅野和三郎らと「鎮魂《ちんこん》帰神《きしん》」における霊媒役を務めていたが、この時天明に憑かった霊は下級霊ばかりであって、天明自身は次第に霊媒の役割を敬遠するようになったと伝わっている。つまり天明は、自分に憑かる霊にロクなものはいないということを自覚していたのである。

このような経験から、天明が最初に「日月神示」を自動書記した時でも、これもどうせ動物霊か何かロクでもない霊からの通信であろうと軽く考えていたのである。その結果、せっかく自動書記した日月神示の原本は鳩森八幡《はとのもりはちまん》神社の社務所の中にほったらかしにされていたと伝わっている。

もしそのままの状態が続いていれば、貴重な初期の神示原本が散逸してしまった可能性もあったが、そこはさすがに「神仕組」である。天明の同僚であって鳩森八幡神社の禰宜《ねぎ》として奉職していた法元辰二《ほうがんたつじ》という人物が「神示原本」を模写してキチンと保管していただけでなく、さらに矢野シンという女性霊能者が現われて、天明が自動書記したものを「大神様の御真筆」

であることを明かすことになるのである。

神が選んだ「因縁の身魂」の筆頭である岡本天明にしてこうなのだから、普通の人間が高級霊に「霊かかり」して欲しいなどと身勝手な希望や期待を持っても、それは絶対に叶うことがないと断言しておく。

〈〇九十（マコト）の神意―第五帖関連〉

五十黙示録には「数（霊）」が多く登場するが、第二巻「碧玉《あおたま》之巻」では第五帖で登場している。代表例は次のものである。

マコトの数を合わせると五と五十であるぞ。中心に五があり、その周辺が五十となるのであるぞ。これが根本の型であり、型の歌であり、型の数であるぞ、摩邇《マニ》の宝珠《タマ》であるぞ、五十は伊勢であるぞ、五百は日本であるぞ、五千は世界であるぞ、この方《ほう》五千の山、五万の川、五億のクニであるぞと申してあろうがな

これまでに何度も述べているが、このように数字が多く含まれる帖（やその中の一部の帖文、

ピース）だけを幾ら読んでも、神理や神仕組を理解することはほとんど不可能である（トンデモ解釈やぶっ飛び解釈なら別であるが）。しかし日月神示には別の巻（の帖やピース）に解読のヒントとなる情報が降ろされていることが多く、これが解読の有力な糸口になるのである。五十黙示録に関して言えば、それは第一巻「扶桑《ふそう》之巻」第一帖に大きなヒントが降ろされている。これも何度も述べて来たことだが、次のものである。

五のイシがモノ言うのであるぞ、開けば五十となり、五百となり、五千となる。握れば元の五となる、五本の指のように一と四であるぞ。

（五十黙示録第一巻「扶桑《ふそう》之巻」第一帖）

神仕組の根本数が「五」で表されること、それが具現化し拡大発展することを「五十→五百→五千」のように表すこと、それらを元に戻せば「五」に返ること、たったこれだけを押さえておくだけでも大きな謎解きのヒントになるのである。

それと数（霊）ではもう一つ、同じ第五帖に登場した「〇九十（マコト）」の意味についても押さえておいて頂きたい。「〇九十」の神理はいずれ「**大岩戸開き**」が登場した時の重要なキーワードになるからである。

・「〇」は「レイ（霊）」であり「ム（無、霊的根源）」であり、ここから「ウ（有、地上世界）」が生まれる。それが「一から八までの八方世界」である。

・「九」は「括り」であり、また「（立て替えの大峠の）苦、苦難」でもある。「八」の地上世界が新世界（＝ミロクの世、マコトの世）へと次元上昇するためには、それまで積みに積んで来たメグリを括り、苦難の中で身魂を磨かなければならない。一人の例外もなく必ず通過しなければならないプロセスである。

・「十」は桁が一つ上がった新世界、つまり「ミロクの世」である。「九」を経て「十」に至る仕組であり、十には「完全、神」の意味もある。

〈「始めの前」にあるもの──第七帖関連〉

次に第七帖に登場した「**始めの前にあるもの**」について補足説明しておきたいことがある。

ここでいう「始め」とは、我々が何らかの方法で感知出来る物質や現象のうち、最も始めのモノという意味に捉えられるが、神はさらにその始めのモノを生み出した「何か」があって、それがわからなければ「**ただの理屈に過ぎん**」と仰《おっしゃ》っている。

つまり人間がこれまでやって来たことは、単に現象面だけを論じているだけで、その現象を現象たらしめている「本源、大元」については全く理解が及んでいないということを教えているのだ。

第七帖では「現象を現象たらしめている本源」のことを「〇」と表現している。「〇」にはルビがふられていないが、私は「〇 → レイ → 霊（霊的本源）」と捉えている。要するに物質世界の本源は「霊的世界」であることを表しているのである。

また「〇」に関しては一つ注意して頂きたいことがある。ここでは「〇」を「レイ、霊」と読（呼）んだが、第五帖に登場した「〇九十」は「マコト」であったから、この場合の「〇」は「マ」と読めることになる。つまり「〇 → マル（丸）」のイメージである。

このように「〇」は「レイ（霊）」でもあり「マル（丸）」でもあるが、「本源」を意味することでは共通しているのである。何やら語呂合わせのようでもあり、言葉遊びをしているように感じる読者がいるかも知れないがそうではない。

これが神界の言葉であり、その表現の一例なのである。神界では一語に多くの意味を持たせることを忘れてはならない。語呂合わせ的に理解出来ることは、我々にとってはむしろ有難いことなのである。


もう一つある。「〇」は神文字「⦿」を構成する要素の「〇」でもあるということだ。この場合の「〇」は「ゝ（キ）」と対（ペア）の関係になるから、通常は「キ」に対して「ミ」と読み、意味的には「身、陰、女性原理、マイナス、水……」のような多くの意味を蔵している。

このように「〇」ひとつとっても、多くの神理が内包されているので、その時々の文脈によって適切に判断しなければならないことを知っておいて頂きたい。

〈四つ足を食ってはならん――第八帖関連〉

続く第八帖に登場した「**四ツ足を食ってはならん**」とは、日月神示が「食」について教示しているものの中で最も強烈な表現である。これだけを見れば、人民は肉食禁止、ベジタリアンでなければならないというような教条的な解釈をしたくなるかも知れない。

しかし（本文でも述べたが）「食」に関する神理は「肉食の是非」だけに関するような単純

かつ狭小なものではなく、更に深く広い神理があることを忘れないで頂きたい。肉を食うことは「悪」であり、食わないことが「善」であるというような捉え方は、「善悪二元論」の陥穽《かんせい》に囚われていることに等しい。くれぐれも教条的な妄信に陥らないように注意して頂きたい（勿論ベジタリアンを批判しているのではない。念のため）。

〈全てのコトの起こり「岩戸閉め」――第十帖関連〉

そして第十帖であるが、ここには五度に亘る「岩戸閉め」の全貌が降ろされている。「岩戸閉め」は神仕組の根幹であり、全ての「コトの起こり」となるものであるから、これらに秘められた神理をしっかり把握しておかないと、日月神示全体を理解することも出来ないことになる。

それほど重要なものであるが、第十帖には「**一《ひと》ヒネリしてある**」とか「**天と地の間に大きなレンズがある**」のように示されていて、帖文を一読したからと言って「岩戸閉め」の何たるかが直ぐに分かるものではない。

日月神示に多少なりとも関心がある者なら、「岩戸閉め」と「岩戸開き」という言葉を知らないはずはないだろうが、その理解の程度は果たしてどれくらいのものだろうか？

実はこの「岩戸開き」と「岩戸閉め」は、日月神示をどれくらい理解しているかを知る格好の判断材料でもある。日月神示に関心（興味）があって勉強しているという者に次のような質問をして見ればよい。

◎「岩戸開き」とはどのようなことですか？
◎「岩戸開き」は神がするのですか？　それとも人間がするのですか？
◎「岩戸」が開けば人類とこの世界はどうなるのですか？
◎「岩戸開き」があるということは、その前に「岩戸閉め」があったということになりますが、そもそも「岩戸閉め」とはどのようなことですか？
◎「岩戸閉め」は偶然起こったのですか？　それとも何らかの必然によるものでしょうか？
◎「岩戸閉め」は五度起こったとありますが、それぞれの意味は何でしょうか？
◎「岩戸閉め」が起こった舞台は日本だけですが、何故日本なのですか？
◎「岩戸閉め」が五度起こったのに、「岩戸開き」が一度であるのは何故ですか？
◎「岩戸閉め」が詳細に説かれているのは五十黙示録第二巻「碧玉之巻《あおたま》」第十帖ですが、これは昭和36年に降ろされています。一方、日月神示初発は昭和19年ですから、この間は実に17年も空《あ》いています。神はどうしてこんなに時間が経ってから「岩戸閉め」の詳細を降ろしたのでしょうか?

このような質問は細かく見れば幾らでも作れるが、右に挙げたものは全体的な意味でズバリ本質を問うものであるから、日月神示の神理や神仕組をどの程度理解しているかを判断するにはもってこいの質問だと思っている。

回答を求められた者が、神理の本質(核心)まで切り込もうとしているのか、それとも単なる上っ面だけのことしか求めていないのかは直ぐに分かるはずである。

ただ読者もお分かりのように、これらの質問に的確に答えるのは簡単なことではなく、とても一言や二言で済むようなものではない。しかし私の本や講演会、セミナー、或いはメルマガ等を通じて共に学ばれた方々なら、手も足も出ないということはないはずである。

さて「岩戸閉め」については五十黙示録第二巻「碧玉之巻《あおたま》」第十帖に詳細に降ろされているが、本文を見て頂ければお分かりのように、たった一つの帖の考察にこれほど膨大な分量(60ページ以上)を割いたのは、後にも先にもないことである。優に一つの「章」が成立するほどだ。これは「岩戸閉め(と「岩戸開き」)」が日月神示の中で、どれほど重要な神仕組であるかの裏返しとも言える。

「岩戸閉め（と岩戸開き）」の謎解きについて本文で詳細に述べているが、些《いささ》かの自画自賛を承知で申せば、私は自分の解き方が神意に適っているとの確信を持っている。何故なら、他の多くの神仕組や神理との関連性や整合性に全く問題がないだけでなく、むしろ神仕組の奥義へと誘うものであるからだ。

「岩戸閉め」は五度あった。
「岩戸開き」は一度に開く。

この二つは一見すると矛盾しているようにも思われるが、私の解き方では無理なく説明出るのである。つまり「男性原理と女性原理」が「分離」したのが「最初の岩戸閉め」であり、逆に両者が「再結」すれば「岩戸開き」となるのであるが、どちらも「男性原理と女性原理の分離と再結」という最初の一撃が加えられれば、あとは因果関係による一連の流れとなって連鎖する仕組みなのである。

その流れを五度に分けて説明したのが「(五度に亘る）岩戸閉め」であり、一連の流れで開くと説明したのが「(一度に開く)岩戸開き」である。このように捉えれば何の矛盾もなく収まることがお分かりだろう。別の言い方をすれば、因果関係によって生ずる五つの要素を個々に説明するか、一つにまとめて説明するかの違いと言ってもよいだろう。

何れにしろ「岩戸閉め」において個々の要素をキチンと説明しておかないと、神仕組の何たるかが理解出来ず、結局、「岩戸開き」が一度に起こることの原理も意味も分からないままとなってしまうことは疑いようがない。

全体的な話はこれくらいにして、個々の「岩戸閉め」の中から、幾つかの重要なポイントを改めて強調しておきたい。読者にしっかりと覚えておいて欲しいものばかりである。

まず「三度目の岩戸閉め」ではスサナルが登場しているが、この神は高天原の神々によって「罪神」の烙印を押されて追放されている。これが「岩戸閉め」とされているのは、高天原の神々が「悪神に変質」してしまったためであると説いた。

いわゆる「**悪盛んにして天に勝つ**」という事態に陥ったことになるが、読者の中には、人間ならいざ知らず、神々それも正神（善神）が「悪神」に堕ちる（変質する）ことなどあるのか？　との疑問を持つ者がいるのではないだろうか？　何を隠そう、かつては私自身がそうであったのだ。そんな神は神ではない、我々人間と何も変わらないではないか！　と、どこかでいきがっていたのである。今思えば恥ずかしい限りである。

改めて言うが、元々正神（善神）であった神々が「悪神」に堕ちる（変質する）ことなどあり得るのか？　という疑問に対する答えは「あり得る」である。何故ならそれが「世の元の大神」様が仕組んだ「岩戸閉め」の大きな狙い（の一つ）であるからだ。

何度も述べているように、五度に亘る「岩戸閉め」は偶然起こったのではなく、「世の元の大神」様が意図された壮大な御神策であることをしっかり押さえておいて頂きたい。

また「**二通りのスサナル**」が存在することが明記されているが、これもまた多くの研究者や日月神示の読者を混乱させて来たテーマである。さらにはこれに加えて、「スサナル」以外に「スサノオ」という御神名も登場するため、話が余計にややこしくなっている。

私の見解（解釈）は本文で述べているが、非常に大事な内容なので以下に要点を纏めておく。よく理解してもらいたい。

◎「スサナル」にはイザナギ・イザナミ両神から生まれた「完全神としてのスサナル」とイザナギが独り神となってから生んだ「不完全神としてのスサナル」の二通りがある。これは日月神示だけが明かしたものである。「スサナル」が正しい御神名である。

◎古事記には独り神になったイザナギが生んだ「不完全神なスサナル」だけが書かれているが、御神名がスサナルではなく「スサノオ」とされている点が日月神示と異なっている。

◎このように「二通りのスサナル」の存在と、古事記によってスサナルが「スサノオ」とされていることが事態をややこしくしている。日月神示に「スサナル」と「スサノオ」の両方の御神名が登場しているのもこのためである。

◎これが結局、研究者や多くの神示読者を混乱させる原因となった。「スサナル」と「スサノオ」、両者は同一神であるようにも書かれているし、また違うようにも書かれているから当然のことである。

次に「四度目の岩戸閉め」には「人皇（＝神武天皇）」が登場しているが、ここで明らかになった重要なことは、「岩戸閉め」の舞台が神話の世界から「現実世界の日本」へと移っていることである。つまり「岩戸閉め」には「神の世界（あの世）」も「人間の世界（この世）」もどちらも含まれるということである。

と言うことは「岩戸閉め」の次に来る「岩戸開き」も同様に、「神の世界」も「人間の世界」もどちらの「岩戸」も開かれるということが自《おの》ずと明らかになる。これが「三千世界の岩戸開き」という意味である。

「岩戸開き」に関心を持つ多くの者は「地上世界だけの岩戸開き」のことしか考えない（或いはそれしか興味がない）ようであるが、そんな捉え方では本質を見失ってしまうことを肝に銘じてもらいたい。

そして最後となる「五度目の岩戸閉め」では、日本に神の光が一切射し込まなくなったと書かれているが、ここに「日本」という国の本質が秘められていることを絶対に忘れてはならない。

何故「日本」だけが「暗黒化」されなければならなかったのか？

それは日本が「神の国」だからである。
日本という「神の国」が暗黒化されるからこそ「岩戸閉め」なのである。

ところで五度の「岩戸閉め」が降ろされている「碧玉之巻《あおたま》」は昭和36年の降下であるが、日月神示の初発は昭和19年である。この間は実に17年もあるが、「岩戸閉め」の詳細が神示初発から17年も経ってから明かされたのは何故だろうか？　神仕組の「コトの起こり」である超重要な「岩戸閉め」ならば、当然「基本十二巻」の中に降ろされているべきではないだろうか？

しかし、実際にはそうなっていないのはどうしてなのか？

その答えは日月神示には書かれていないが、私は当時の「時代性」にあったと考えている。「基本十二巻」の初発が昭和19年6月10日に降ろされ、完結したのは昭和20年8月10日であったことを想起してもらいたい。この時の日本は「大日本帝国」であって、アメリカを中心とする連合国と大戦争（大東亜戦争）を戦っていたが、この時の「昭和天皇」は大日本帝国の君主であり、また皇祖神アマテラスの直系たる「現人神《あらひとがみ》」として君臨していたのである。

このことを頭に入れた上で、「四度目の岩戸閉め」に何と書かれていたか思い出してもらいたい。そう、「神武天皇」＝「人皇」と書かれているではないか。神武天皇は「神」ではなくただの「人」だと。これは天皇の神格を絶対的に否定するものだ。勿論、「現人神」とされた昭和天皇についても同様である。

では戦時中に降ろされた「基本十二巻」の中にこのことを降ろせば、日月神示はどうなっていただろうか？　岡本天明と彼の同志たちはどうなっていただろうか？　当時の日本には、反天皇などの思想犯を専門に取り締る、鬼より怖い「特高（＝特別高等警察）」が存在していたのである。

このことを考えれば、答えは明らかであろう。これが「（当時の）時代性にある」という意味である。

〈日本は真中の国、日本精神は真中精神―第十三帖関連〉

第十帖の補足説明が長くなったが、今度は第十三帖で「**日本は真中の国、日本精神は真中精神**」というテーマについて補足しておきたい。これも極めて重要なものである。

「日本は真中の国、日本精神は真中精神」とは、要するに日本が「**神の国**」であることを述べたものである。ほとんどの読者は日本が「神の国」であり、日本以外の国はすべて「外国」であるということはご存じだと思うが、このことの重要性を改めて肝に銘じて欲しい。

以下に日本が神の国であることを示す神示を出来るだけ多く列挙するので、じっくり読んで復習して頂きたい。

日本の国は世界の雛型《ひながた》であるぞ、雛形でないところは真の⦿の国でないから、よほど気つけておりてくれよ

（第五巻「地つ巻」第十七帖）

日本の国はこの方の肉体であるぞ。国土《くにつち》拝《おろが》めと申してあろうがな

（第五巻「地つ巻」第三十五帖）

〇とは外国のことぞ、⦿が⦿国《かみぐに》の旗印《はたじるし》ぞ。神国と外国の分けへだて誤っているぞ。（中略）日本が日本がと思うていたこと、外国でありたこともあるであろうがな。上下《うえした》ひっくり返るのざぞ、わかりたか。

（第十三巻「雨の巻」第二帖）

今の世は頭と尻尾ばかり、肝腎《かんじん》の胴体ないから力出ないぞ。

（第二十二巻「青葉の巻」第十四帖）

新しき世はあけているぞ。世明ければ闇はなくなるぞ。新しきカタはこの中からぞ。日本からぞ。日本よくならねば世界はよくならん。

（第二十七巻「春の巻」第四十二帖）

頭と尻尾だけでは何も出来ん、化け物ぢゃ。八尾八頭《やつおやつがしら》の時代は済んだのであるぞ、肝心の胴体がないぞ、日本が胴体であるぞ、日本を何処《どこ》に忘れてきたのか、自分でもわかるまいがな

（五十黙示録第二巻「碧玉《あおたま》之巻」第十四帖）

日本がヒの本の国、艮《うしとら》のかための国、☉《ヒ》出づる国、国立常大神がウシトラの扉を開けて出づる国ということがわかりて来んと、今度の岩戸開きはわからんぞ

（五十黙示録第五巻「極《きわ》め之巻」第四帖）

右に7例の神示を挙げたが、日本が「神の国、真中の国」であることを示す表現を纏めると次のようになる。

◎日本の国は世界の雛型《ひながた》
◎日本の国はこの方の肉体（この方＝国祖様、つまり国常立大神）
◎○が外国、⦿が⦿国《かみぐに》の旗印《はたじるし》
◎肝心《かんじん》の胴体（胴体＝真中の国、つまり日本）
◎新しきカタは日本から
◎日本よくならねば世界はよくならん
◎ヒの本の国、艮《うしとら》のかための国、⦿《ヒ》出づる国

日月神示を降ろした神は、これらの表現を使って日本が「神の国」であることを説いている。何度も言うが日本は「神の国」であり、日本にとって代われるどんな外国の国も存在しないのである。

しかし、である。その日本に住む「真の日本人」であるためには、単に「日本国籍」を有しているだけでは何にもならないことを知らなければならない。日本が「神の国」であり、自分は「日本国籍」を持っているから、無条件で「真の日本人（神民、神人）」であるなどと思い込んで（期待して）いる者がいるとすれば、私は次のように忠告したい。

「身魂磨き」が深化進展しない者が「真の日本人」として覚醒することは絶対にない、と。

〈「八尾八頭《やつおやつがしら》」の別解釈――第十四帖関連〉

第十四帖に登場している「八尾八頭《やつおやつがしら》」の解釈については興味深いものがあるので、もう一度採り上げて補足しておきたい。

頭と尻尾だけでは何も出来ん、化物ぢゃ。八尾八頭《やつおやつがしら》の時代は済んだのであるぞ、肝心の胴体がないぞ、日本が胴体であるぞ、日本を何処《どこ》に忘れて来たのか、自分でもわかるまいがな、尻の毛まで抜かれた化物の姿、鏡に映して見るがよい、鏡は神示ぢゃと早うから知らしてあろうがな。

本帖の解釈については、「**日本が胴体（つまり中心）であるぞ**」ということを手掛かりにして、「八尾八頭」は胴体（中心）に対する外側の部分と捉え、具体的には日本以外の「外国」のことであると説いた。従ってこの場合の「八」は「数が多いこと、多数」という意味になる（ちなみに日本が承認している外国の数は、今現在で１９５ヶ国もある）。

ところが「八尾八頭」の「八」を文字通り「はち、やっつ」と解釈しても、一応、文意は通じるのである。

どういうことかと言えば、「八尾八頭」が該当するモノを考えて見れば分かることだ。それは日本神話に登場する「八岐大蛇《やまたのおろち》」である。この怪物は確かに「八つの頭」と「八つの尻尾」を持っていると（古事記などに）記述されている。

しかもそれだけではない。日月神示で「八岐大蛇」と言えば「**悪の三大将**」の一つであり、その中のリーダー格なのである。つまり「八尾八頭」＝「八岐大蛇」＝「悪の大将」という関係になるから、帖文中の「**八《やつ》尾《お》八頭《やつがしら》の時代は済んだのであるぞ**」とは、「悪神の時代は終わりを迎えた」という意味に解されるのである。実際に現実世界は正にその通りに推移しているように見えることから、これも解釈として成り立つと言えるのだ。

ただこの解釈には一つだけ弱点がある。それは「肝心の胴体がないぞ」と示されていることで、いくら「八岐大蛇」といえども「胴体」がなくて「頭」と「尻尾」だけがあるということはあり得ないことである。

このことから、私としては「八岐大蛇」説ではなく「(日本以外の)外国」説を採用している。

〈「五六七」が何故「ミロク」なのか?——第十五帖関連〉

第十五帖では「五六七」と「666」それに「六六六」が登場しているが、これらはいずれも「ミロク」と読むことは読者もご存じだろう。確かに「666」と「六六六」はどちらも「三つの六(6)」であるから、語呂合わせ的にも「ミロク」と読めるが、では「五六七」が「ミロク」と読まれるのは何故だろうか? これは語呂合わせ的には「ミロク」とは読めず、むしろ「五六七 → コロナ」と読めるが。

これについて私は、「六六六」の変形が「五六七」であるから、どちらも「ミロク」でよいと考えている。つまり「六六六」では均衡がとれて動きがないため、そのバランスを崩して動きをつくるための変形のことである。動きがなければ神仕組も進展することはないのだから。

本文でも述べたが「六六六」の最初の「六」から「一」を引いて「五」とし、その「一」を三番目の「六」に加えれば「七」となる。つまり、「六六六」→「五六七」と形が変わるだけで、元は「六六六（ミロク）」なのだから「五六七」を「ミロク」と読むことには何の問題もないということになるのである。

〈最後にもう一度「岩戸閉め」の重要性について〉

五十黙示録第二巻「碧玉《あおたま》之巻」は全十九帖からなるが、この中で最大の目玉と言えばやはり「第十帖」である。第十帖は五度に亘る「岩戸閉め」を詳細に説いたものであって、日月神示全巻の中で「岩戸閉め」についてこれほど詳しく、しかも一挙に降ろされている帖は他にない。

神が日月神示を降ろした目的を一言で言えば、それは「岩戸開き」のためである。そのことは「基本十二巻」をはじめ、神示のあちこちに降ろされているから、神示を読む者は必然的に「岩戸開き」には極めて重大な関心を持ち、更にその後に到来するとされる「ミロクの世」に夢を馳せることになる。

確かに日月神示に降ろされた神仕組は、混乱と混迷に満ちた今の世が終焉を迎え、神の光に満ちた理想世界（＝ミロクの世）が到来するという流れになるが、心して欲しいのは、それは単に「表面的（上っ面）な見方」でしかないということだ。

この表面的な見方に囚われている者は、日月神示を単なる「予言（書）」と見てしまい、他の宗教や種々雑多な予言と混ぜこぜにして、奇妙な「予言（未来）年表」をつくることに精を出しているようである。それが日月神示を研究する「正しいやり方、態度」だと思い込んでいるのであろう。

しかしこのような者たちは、日月神示が「これでもか！」というほど「身魂磨き」、「メグリ取り」、はたまた「改心、掃除、洗濯、借銭返し……」などと何度も何度も繰り返し述べていることを何と心得ているのだろうか？「予言年表（のようなもの）」をつくれば身魂が磨けるとでも思っているのだろうか？

これも何度も強調して来たことだが、「岩戸開き」の前には必ず「岩戸閉め」があったのである。「岩戸が閉められた」からこそ「開く」必要があるのであって、元々閉められていなければ開く必要などない。こんなことは子供でも分かることだ。

つまりすべての「コトの起こり」は、「岩戸閉め」から発しているのである。そのことの神意を知らずに（知ろうともせず）「岩戸開き」と「新世界（＝ミロクの世）」到来ばかりに目を向けても、日月神示の神理や神仕組の深奥に至ることなど出来るものではない。

逆に、五度に亘る「岩戸閉め」の意味をキチンと理解していれば、「岩戸開き」とは何なのか？　今の世界が混迷と混乱を極めているのは何故なのか？　その中で人間はどうして「身魂」を磨かなければならないのか？　など、最重要な神理や神仕組が理解され、やがて肚《はら》に入ることになるのである。

〈第二巻「碧玉之巻《あおたまのまき》」あとがき　了〉

内記正時　ないき まさとき

昭和二十五年生、岩手県出身。祖父、父とも神職の家系にて幼少期を過ごす。昭和四十年、陸上自衛隊に入隊。以来40年間、パイロット等として防人の任にあたる傍ら、50回以上の災害派遣任務を完遂。平成十七年、２等陸佐にて定年退官。

平成三年、日月神示と出合い衝撃を受けるとともに、日本と日本人の使命を直感、妻と共に二人三脚の求道、修道に入る。導かれるままに、百を超える全国の神社・聖地等を巡り、神業に奉仕する。現在は、神職、古神道研究家として、日月神示の研究・研鑽にあたる。

主な著書に『ときあかし版［完訳］日月神示』『奥義編［日月神示］神一厘のすべて』『秘義編［日月神示］神仕組のすべて』（いずれもヒカルランド）などがある。

岡本天明　おかもと てんめい

明治三十年（一八九七）十二月四日、岡山県倉敷市玉島に生まれる。

青年時代は、名古屋新聞、大正日々新聞、東京毎夕新聞などで新聞記者生活を送る。また太平洋画会に学び、昭和十六年（一九四一）、日本俳画院の創設に参加。

米国、南米、イスラエル、東京、大阪、名古屋などで個展を開催。

『俳画講義録』その他の著書があり、昭和二十年（一九四五）頃から日本古神道の研究を始め、『古事記数霊解』及び『霊現交流とサニワ秘伝』などの著書がある。

晩年は三重県菰野《こもの》町鈴鹿山中に居を移し、画家として生活していた。

昭和三十八年（一九六三）四月七日没す。満六十五歳。

岩戸開き ときあかし❷

日月神示の奥義【五十黙示録】第二巻「碧玉之巻」（全十九帖）

第一刷 2023年4月30日

解説 内記正時
原著 岡本天明
発行人 石井健資
発行所 株式会社ヒカルランド
〒162-0821 東京都新宿区津久戸町3-11 TH1ビル6F
電話 03-6265-0852 ファックス 03-6265-0853
http://www.hikaruland.co.jp info@hikaruland.co.jp
振替 00180-8-496587

本文・カバー・製本 中央精版印刷株式会社
DTP 株式会社キャップス
編集担当 TakeCO
落丁・乱丁はお取替えいたします。無断転載・複製を禁じます。
©2023 Naiki Masatoki Printed in Japan
ISBN978-4-86742-242-7

ヒカルランド　好評既刊！

地上の星☆ヒカルランド　銀河より届く愛と叡智の宅配便

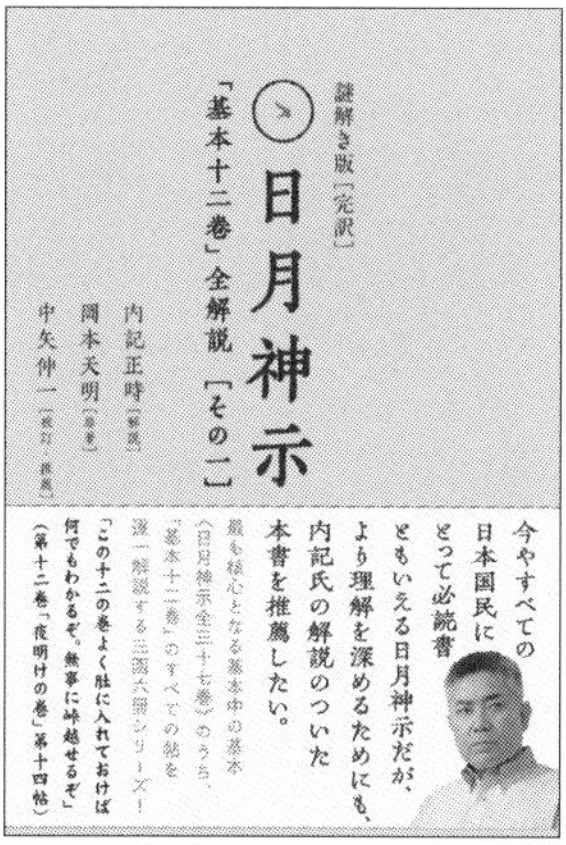

謎解き版［完訳］⦿日月神示
「基本十二巻」全解説［その一］
著者：岡本天明
校訂：中矢伸一　解説：内記正時
四六判箱入り全二冊　本体5,500円+税

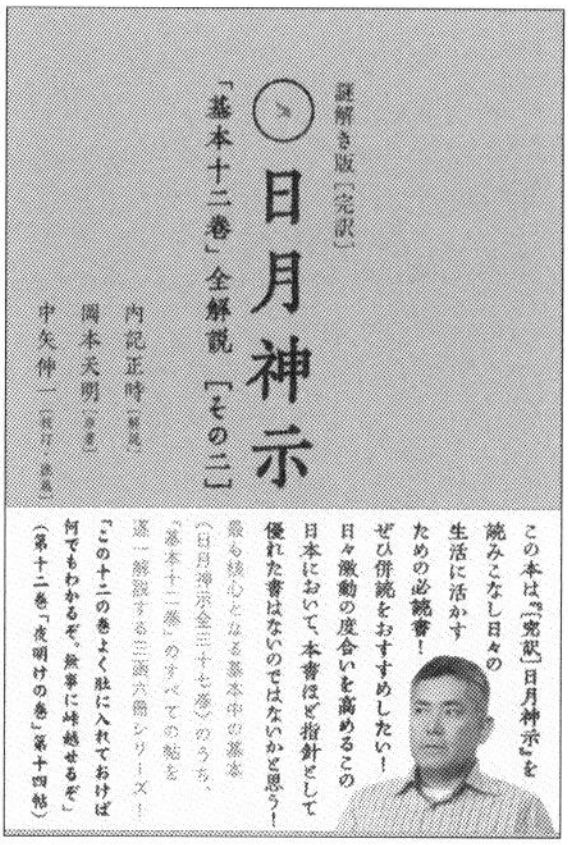

謎解き版［完訳］⦿日月神示
「基本十二巻」全解説［その二］
著者：岡本天明
校訂：中矢伸一　解説：内記正時
四六判箱入り全二冊　本体6,200円+税

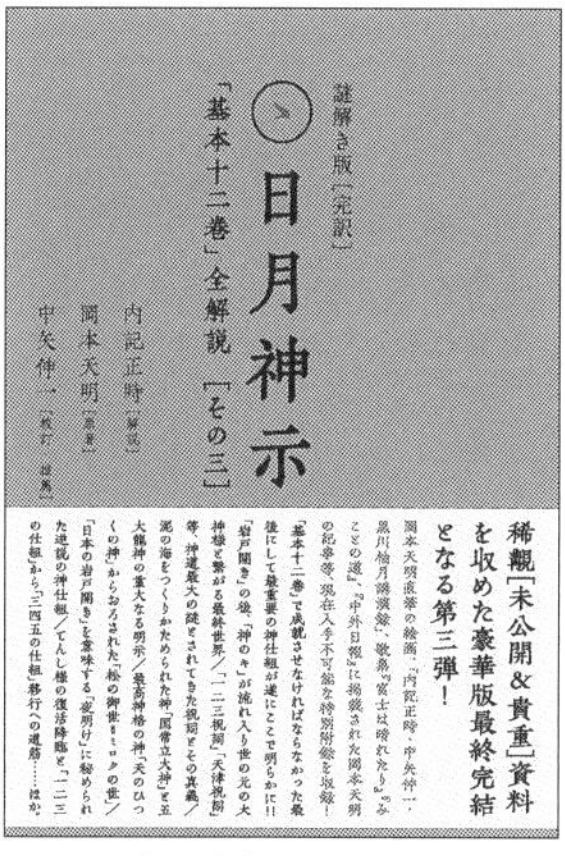

謎解き版［完訳］⦿日月神示
「基本十二巻」全解説［その三］
著者：岡本天明
校訂：中矢伸一　解説：内記正時
四六判箱入り全三冊　本体8,917円+税

こちらの三巻セットは以下７冊として順次刊行していきます。
『［完訳］日月神示』のここだけは絶対に押さえておきたい。
艮の金神が因縁の身魂に向けて放った艱難辛苦を超えるための仕組み！『謎解き版［完訳］日月神示』の普及版全６冊＋別冊のシリーズ本！

大峠と大洗濯　ときあかし①
日月神示【基本十二巻】第一巻　第二巻

大峠と大洗濯　ときあかし②
日月神示【基本十二巻】第三巻　第四巻

大峠と大洗濯　ときあかし③
日月神示【基本十二巻】第五巻　第六巻

大峠と大洗濯　ときあかし④
日月神示【基本十二巻】第七巻　第八巻

大峠と大洗濯　ときあかし⑤
日月神示【基本十二巻】第九巻　第十巻

大峠と大洗濯　ときあかし⑥
日月神示【基本十二巻】第十一巻　第十二巻

大峠と大洗濯　ときあかし⑦
日月神示　稀覯【未公開＆貴重】資料集

内記正時×黒川柚月×中矢伸一

ヒカルランド　好評既刊！

地上の星☆ヒカルランド　銀河より届く愛と叡智の宅配便

ときあかし版
『[完訳] 日月神示』
著者：内記正時
四六仮フランス装　本体1,900円+税

マコトの日本人へ
奥義編 [日月神示] 神一厘のすべて
著者：内記正時
四六仮フランス装　本体1,900円+税

日月神示は逆説に満ちている！
【謎解きセミナーin the book ①】
著者：内記正時
四六ソフト　本体2,000円+税

スメラの民へ
秘義編 [日月神示] 神仕組のすべて
著者：内記正時
四六仮フランス装　本体2,000円+税

本といっしょに楽しむ ハピハピ♥ Goods&Life ヒカルランド

『ついに予言された《その時》が来た!
日月神示《秘密（火水）継承》10回連続講座』DVD全10巻セット
販売価格　122,222円（税込）

内記正時

黒川柚月

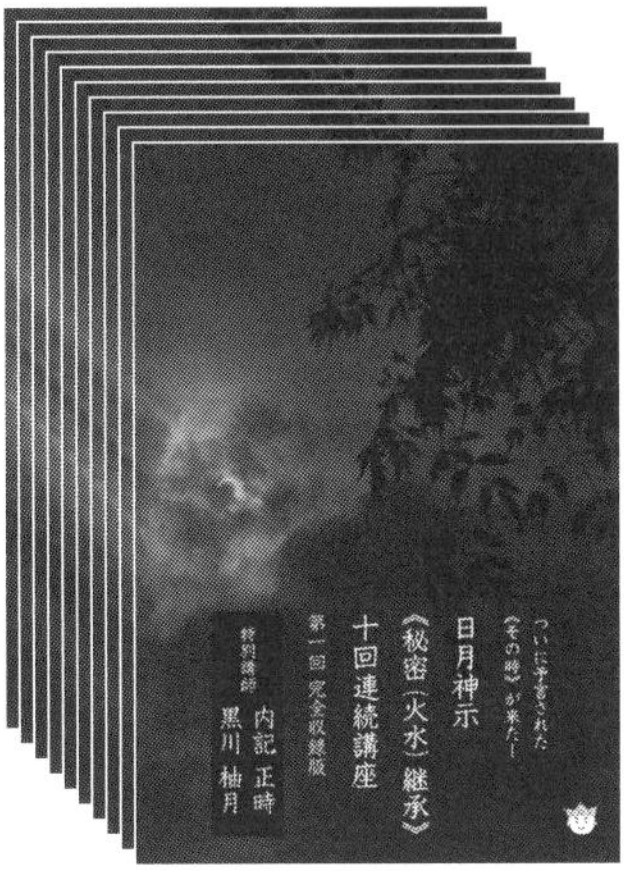

『日月神示』の最奥の秘密を最高峰の研究家2人が伝える
暗雲立ち込める日本の未来を紐解いた、講演会全10回完全収録DVD

『謎解き版［完訳］日月神示「基本十二巻」』三函六冊シリーズを上梓し終えた内記正時氏。日月神示のまさに生き字引『夜明けの御用 岡本天明伝』の著者である黒川柚月氏。

まだまだ謎多き神示に隠された真実を「神示を肝に落とし込んで生きると決めた人」にだけ伝えるべく、最強の2人の講師を迎えて行われた全10回の貴重なコラボセミナー（2016年6月～2017年3月開催）を完全収録したDVD全10巻です。

神の目から見た破壊と再生創造の様相とはいかなるものか、極秘資料とともに2人が語り尽くします。この講座を受け取ったあなたが神示継承者となる――歴史的講座をぜひご覧ください。

内容：全10巻（全10回分の講義を収録）

ヒカルランドパーク取扱い商品に関するお問い合わせ等は
電話：03－5225－2671（平日11時－17時）
メール：info@hikarulandpark.jp　URL：https://www.hikaruland.co.jp/

ヒカルランド　好評既刊＆近刊予告！

地上の星☆ヒカルランド　銀河より届く愛と叡智の宅配便

岩戸開き　ときあかし❶
日月神示の奥義【五十黙示録】
第一巻「扶桑之巻」全十五帖
解説：内記正時
原著：岡本天明
四六ソフト　本体2,000円+税

岩戸開き　ときあかし❸
日月神示の奥義【五十黙示録】
第三巻「星座之巻」全二十四帖
解説：内記正時
原著：岡本天明
四六ソフト　予価2,000円+税

岩戸開き　ときあかし❹
日月神示の奥義【五十黙示録】
第四巻「龍音之巻」全十九帖
解説：内記正時
原著：岡本天明
四六ソフト　予価2,000円+税

岩戸開き　ときあかし❺
日月神示の奥義【五十黙示録】
第五巻「極め之巻」全二十帖
解説：内記正時
原著：岡本天明
四六ソフト　予価2,000円+税

ヒカルランド　近刊予告！

地上の星☆ヒカルランド　銀河より届く愛と叡智の宅配便

岩戸開き　ときあかし❻
日月神示の奥義【五十黙示録】
第六巻「至恩之巻」全十六帖
解説：内記正時
原著：岡本天明
四六ソフト　予価2,000円+税

岩戸開き　ときあかし❼
日月神示の奥義【五十黙示録】
第七巻「五葉之巻」全十六帖
解説：内記正時
原著：岡本天明
四六ソフト　予価2,000円+税

岩戸開き　ときあかし❽
日月神示の奥義【五十黙示録】
五葉之巻補巻「紫金之巻」全十四帖
解説：内記正時
原著：岡本天明
四六ソフト　予価2,000円+税

ヒカルランド　好評既刊＆近刊予告！

地上の星☆ヒカルランド　銀河より届く愛と叡智の宅配便

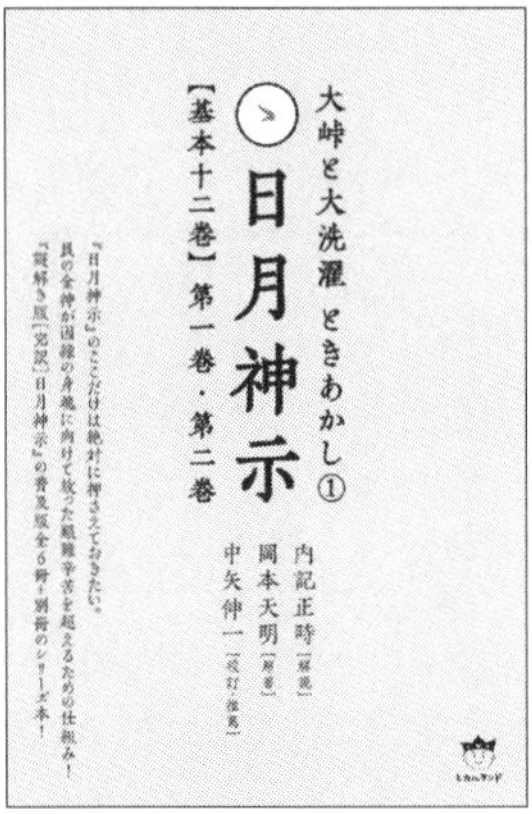

大峠と大洗濯　ときあかし①
⦿日月神示【基本十二巻】
第一巻・第二巻
解説：内記正時／原著：岡本天明／
校訂・推薦：中矢伸一
四六ソフト　本体2,000円+税

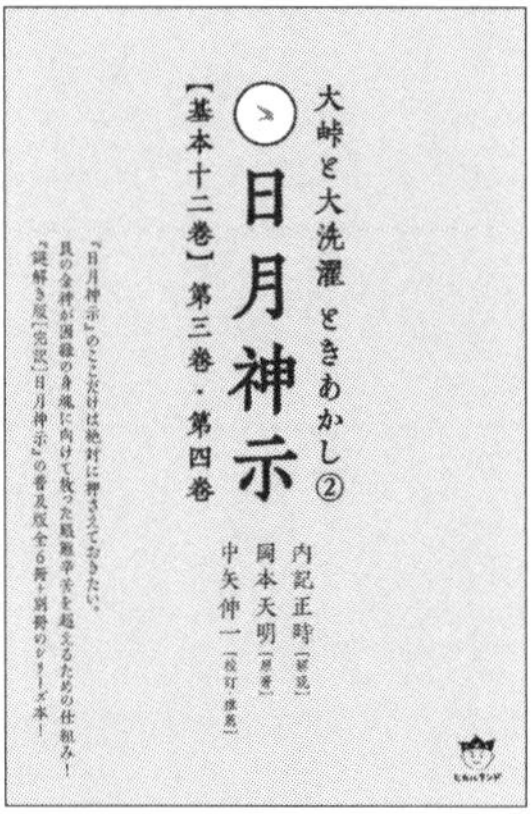

大峠と大洗濯　ときあかし②
⦿日月神示【基本十二巻】
第三巻・第四巻
解説：内記正時／原著：岡本天明／
校訂・推薦：中矢伸一
四六ソフト　本体2,000円+税

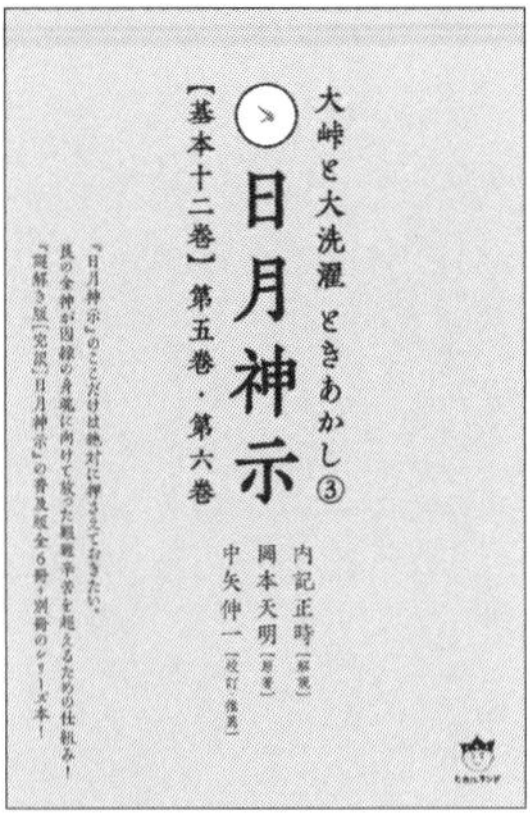

大峠と大洗濯　ときあかし③
⦿日月神示【基本十二巻】
第五巻・第六巻
解説：内記正時／原著：岡本天明／
校訂・推薦：中矢伸一
四六ソフト　予価2,000円+税

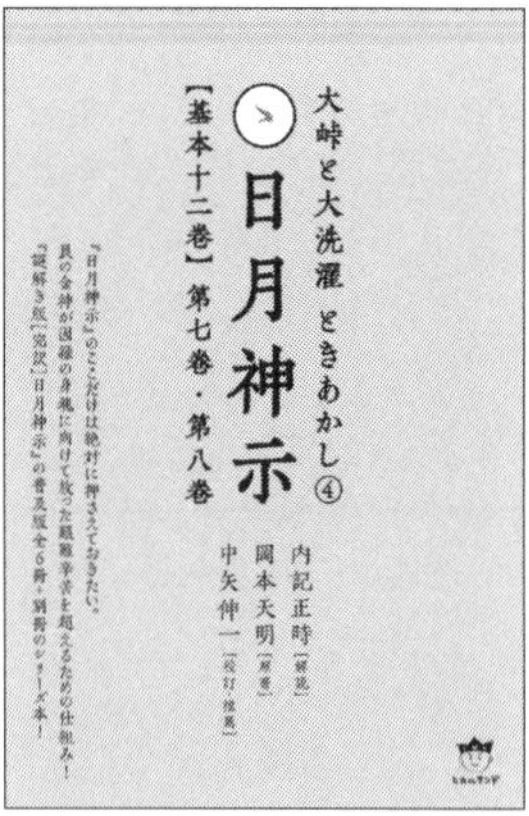

大峠と大洗濯　ときあかし④
⦿日月神示【基本十二巻】
第七巻・第八巻
解説：内記正時／原著：岡本天明／
校訂・推薦：中矢伸一
四六ソフト　予価2,000円+税

ヒカルランド　近刊予告！

地上の星☆ヒカルランド　銀河より届く愛と叡智の宅配便

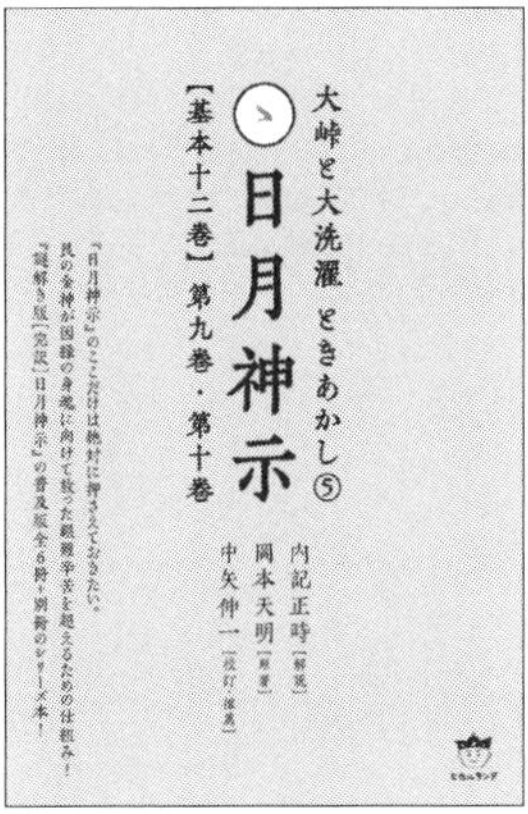

大峠と大洗濯　ときあかし⑤
◉日月神示【基本十二巻】
第九巻・第十巻
解説：内記正時／原著：岡本天明／
校訂・推薦：中矢伸一
四六ソフト　予価2,000円+税

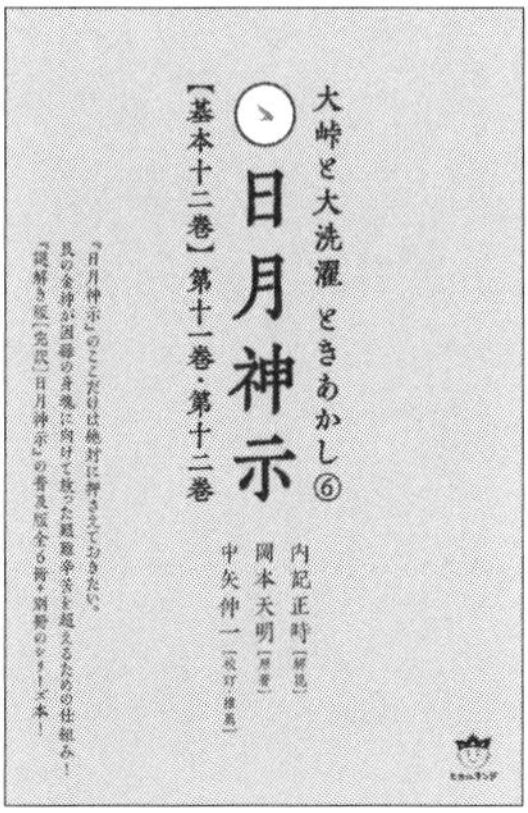

大峠と大洗濯　ときあかし⑥
◉日月神示【基本十二巻】
第十一巻・第十二巻
解説：内記正時／原著：岡本天明／
校訂・推薦：中矢伸一
四六ソフト　予価2,000円+税

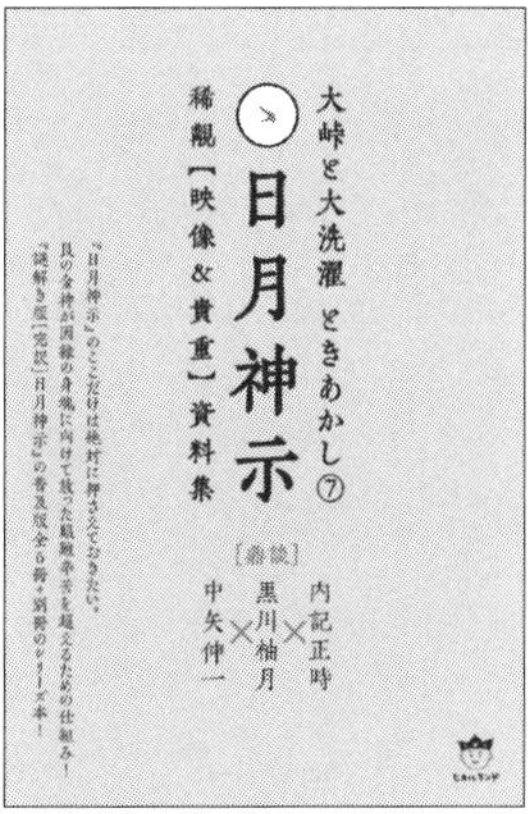

大峠と大洗濯　ときあかし⑦
◉日月神示【基本十二巻】
稀覯【映像&貴重】資料集
内記正時×黒川柚月×中矢伸一
四六ソフト　予価2,000円+税

ヒカルランド　好評二十刷！

『完訳 日月神示《ひつきしんじ》』ついに刊行なる！　これぞ龍神のメッセージ!!

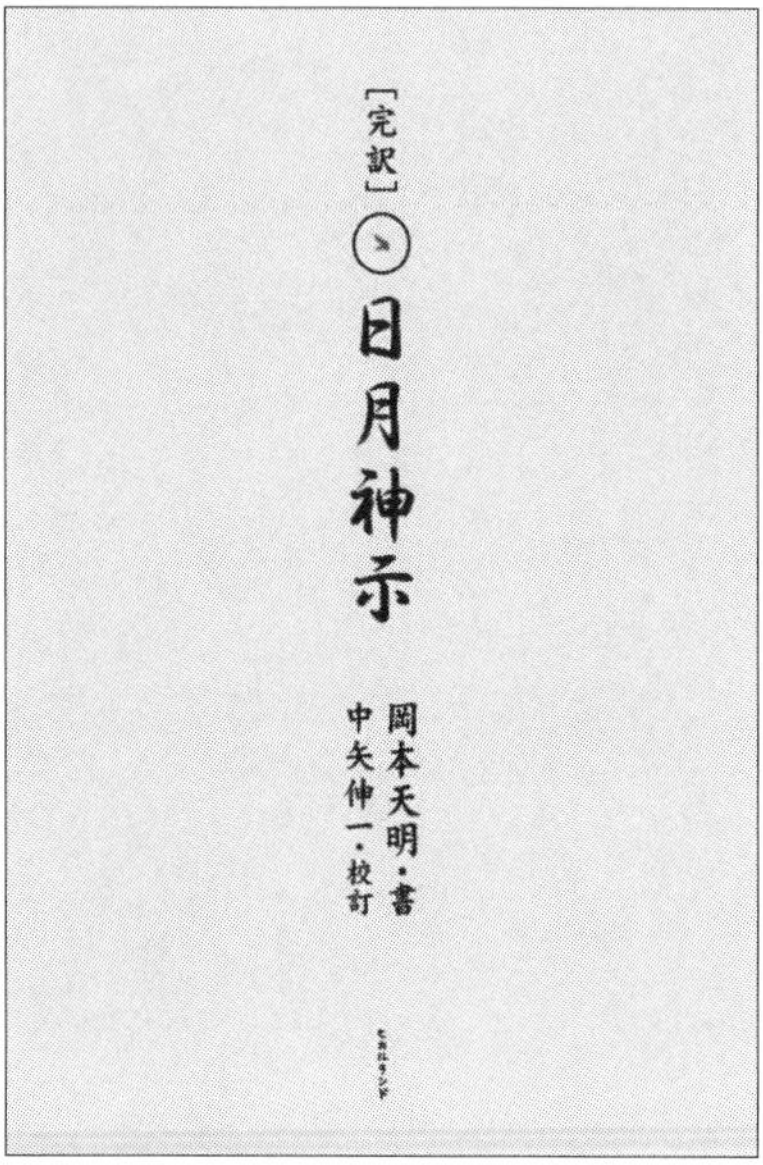

完訳　日月神示
著者：岡本天明
校訂：中矢伸一
本体5,500円＋税（函入り／上下巻セット／分売不可）

中矢伸一氏の日本弥栄の会でしか入手できなかった、『完訳　日月神示』がヒカルランドからも刊行されました。「この世のやり方わからなくなったら、この神示《しるし》を読ましてくれと言うて、この知らせを取り合うから、その時になりて慌てん様にしてくれよ」（上つ巻　第９帖）とあるように、ますます日月神示の必要性が高まってきます。ご希望の方は、お近くの書店までご注文ください。

「日月神示の原文は、一から十、百、千などの数字や仮名、記号などで成り立っております。この神示の訳をまとめたものがいろいろと出回っておりますが、原文と細かく比較対照すると、そこには完全に欠落していたり、誤訳されている部分が何か所も見受けられます。本書は、出回っている日月神示と照らし合わせ、欠落している箇所や、相違している箇所をすべて修正し、旧仮名づかいは現代仮名づかいに直しました。原文にできるだけ忠実な全巻完全バージョンは、他にはありません」（中矢伸一談）